ÉTUDE

SUR

LA LECTURE DES CARTES TOPOGRAPHIQUES ET GÉOGRAPHIQUES

Paris.—Imprimé chez Bonaventure et Ducessois, 55, Quai des Augustins.

ÉTUDE

SUR LA LECTURE

DES CARTES TOPOGRAPHIQUES ET GÉOGRAPHIQUES

INDIQUANT LA SIGNIFICATION DES TEINTES ET DES SIGNES CONVENTIONNELS EMPLOYÉS DANS LES SERVICES PUBLICS
POUR LES CARTES DESSINÉES ET GRAVÉES

PAR E. SAUTREZ

PLANCHES

PARIS
ADMINISTRATION, 13, RUE D'ANJOU-DAUPHINE
—
1862

TABLE DES CARTES ET DES PLANS

DE

L'ÉTUDE SUR LA LECTURE DES CARTES TOPOGRAPHIQUES ET GÉOGRAPHIQUES.

Planche 23. — Mont-Valérien : carte au $\frac{1}{10,000}$, $\frac{1}{1,000,000}$, $\frac{1}{1,500,000}$.

— 24. — Même carte réduite au $\frac{1}{20,000}$, $\frac{1}{40,000}$, $\frac{1}{80,000}$. Signes conventionnels pour clôtures et pour divers objets.

— 25. — Méthodes usitées pour exprimer le relief du terrain :
Carré nº 1. Par la perspective.
» Par le profil.
» 2. Par des hachures arbitrairement fixées et espacées, lumière oblique.
» 3. Par des courbes de niveau équidistantes.
» 4. Par des lignes de plus grande pente.

— 26. — Méthode usitée pour exprimer le relief du terrain :
Carré nº 5. Par des teintes, lumière verticale.
» 6. id. lumière oblique.
» 7. Carte dessinée, lavée à l'effet pittoresque ou
» à l'effet.
» 8. Carte gravée, lavée topographiquement.

— 27. — **Teintes et signes conventionnels** en usage dans les divers établissements de l'État, pour les cartes topographiques et géographiques, dessinées et gravées.
Terres labourées dans les pays entièrement cultivés.
» dans les pays de montagne.
Terres humides, vignobles, prairies, vergers, friches, forêts et bois, broussailles, bruyères, landes et haies.

— 28. — **Teintes**, etc.
Tourbières, marais, marais boisés, marais salants, rizières, dunes, galets, sables, vases, rochers plats dans la mer, jardins, bâtiments et constructions.

Planche 29. — **Teintes**, etc.
Sources, ruisseaux, rivières, fleuves, mer, lac, étangs; limites d'État, de département, d'arrondissement, de canton, de commune; couleurs employées habituellement pour indiquer chaque nation.

— 30. — Signes conventionnels pour les actions militaires; positions successives des deux armées dans une bataille.

— 31-32. — Modèles de topographie et signes conventionnels adoptés par les ingénieurs-hydrographes de la marine.

— 33. — Spécimen d'une carte marine, côtes. (Côtes de France, Nice, etc.)

— 34. — Spécimen d'une carte marine, île. (Ile Sainte-Hélène.)

— 35. — Carte d'assemblage des feuilles de la carte topographique de la France, gravée au dépôt de la Guerre, avec indication des limites des départements, des divisions militaires et des grands commandements. Explication des signes conventionnels adoptés pour la gravure de la carte de France.

— 36. — Spécimen de la carte topographique de la France, gravée au dépôt de la Guerre, à l'échelle du $\frac{1}{80\,000}$ d'après les levés de MM. les officiers d'état-major.

— 37. — Carte d'assemblage des feuilles de la carte géometrique de la France, par Cassini, avec indication des limites des anciennes provinces et des départements. Explication des signes conventionnels employés dans cette dernière carte.

— 38. — Spécimen de la carte géometrique de la France, dite de l'Académie des Sciences, par Cassini.

TABLE DES CARTES ET DES PLANS

DE

L'ÉTUDE SUR LA LECTURE DES CARTES TOPOGRAPHIQUES ET GÉOGRAPHIQUES.

Planche 23. — Mont-Valérien : carte au $\frac{1}{10,000}$, $\frac{1}{1,000,000}$, $\frac{1}{1,500,000}$.

— 24. — Même carte réduite au $\frac{1}{20,000}$, $\frac{1}{40,000}$, $\frac{1}{80,000}$. Signes conventionnels pour clôtures et pour divers objets.

— 25. — Méthodes usitées pour exprimer le relief du terrain :

Carré nº 1. Par la perspective.
» Par le profil.
» 2. Par des hachures arbitrairement fixées et espacées, lumière oblique.
» 3. Par des courbes de niveau équidistantes.
» 4. Par des lignes de plus grande pente.

— 26. — Méthode usitée pour exprimer le relief du terrain :

Carré nº 5. Par des teintes, lumière verticale.
» 6. id. lumière oblique.
» 7. Carte dessinée, lavée à l'effet pittoresque ou
» à l'effet.
» 8. Carte gravée, lavée topographiquement.

— 27. — **Teintes et signes conventionnels** en usage dans les divers établissements de l'État, pour les cartes topographiques et géographiques, dessinées et gravées.

Terres labourées dans les pays entièrement cultivés.
» dans les pays de montagne.
Terres humides, vignobles, prairies, vergers, friches, forêts et bois, broussailles, bruyères, landes et haies.

— 28. — **Teintes**, etc.

Tourbières, marais, marais boisés, marais salants, rizières, dunes, galets, sables, vases, rochers plats dans la mer, jardins, bâtiments et constructions.

Planche 29. — **Teintes**, etc.

Sources, ruisseaux, rivières, fleuves, mer, lac, étangs; limites d'État, de département, d'arrondissement, de canton, de commune; couleurs employées habituellement pour indiquer chaque nation.

— 30. — Signes conventionnels pour les actions militaires; positions successives des deux armées dans une bataille.

—31-32. — Modèles de topographie et signes conventionnels adoptés par les ingénieurs-hydrographes de la marine.

— 33. — Spécimen d'une carte marine, côtes. (Côtes de France, Nice, etc.)

— 34. — Spécimen d'une carte marine, île. (Ile Sainte-Hélène.)

— 35. — Carte d'assemblage des feuilles de la carte topographique de la France, gravée au dépôt de la Guerre, avec indication des limites des départements, des divisions militaires et des grands commandements. Explication des signes conventionnels adoptés pour la gravure de la carte de France.

— 36. — Spécimen de la carte topographique de la France, gravée au dépôt de la Guerre, à l'échelle du $\frac{1}{80\,000}$ d'après les levés de MM. les officiers d'état-major.

— 37. — Carte d'assemblage des feuilles de la carte géométrique de la France, par Cassini, avec indication des limites des anciennes provinces et des départements. Explication des signes conventionnels employés dans cette dernière carte.

— 38. — Spécimen de la carte géométrique de la France, dite de l'Académie des Sciences, par Cassini.

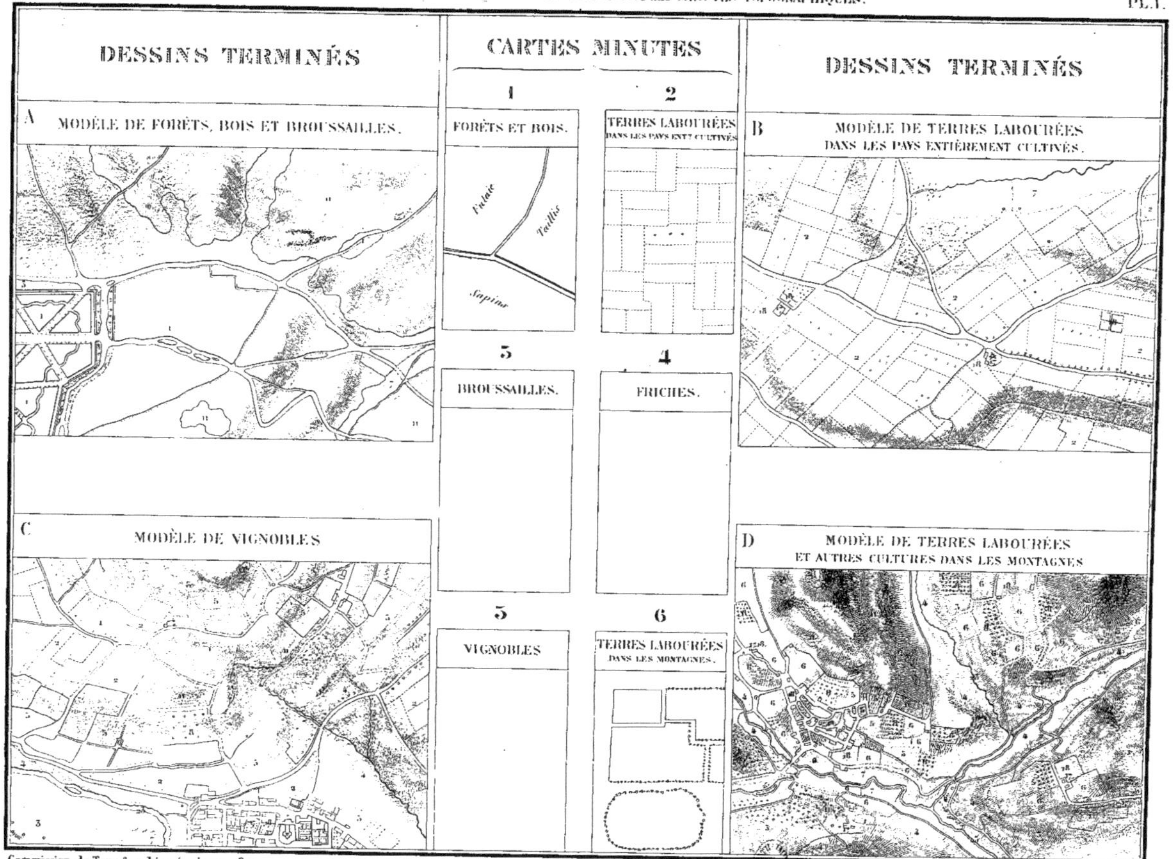

Commission de Topographie réunie en 1802

Echelle d'un Centimètre pour 100 Mètres ou $\frac{1}{10.000}$.

Fr. Hennequin sc.

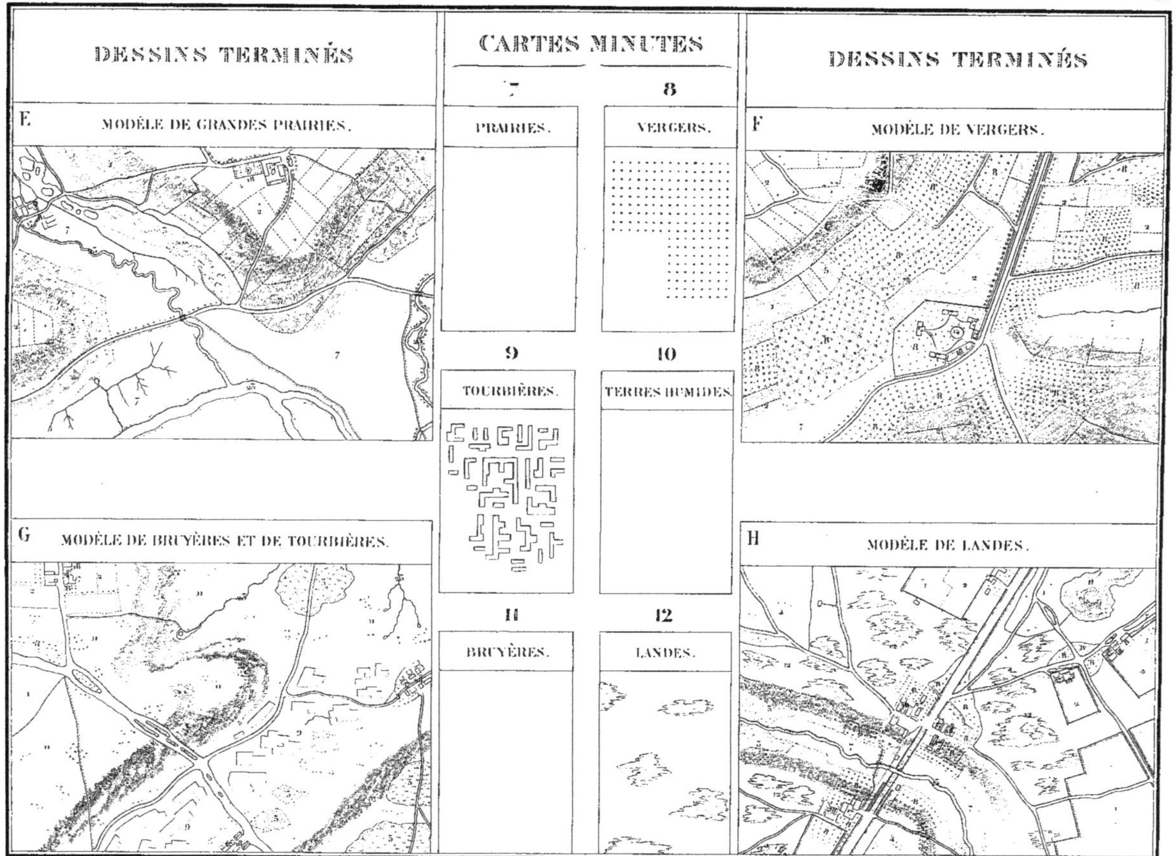

Commission de Topographie réunie en 1802.

Echelle d'un Centimètre pour 100 Mètres ou $\frac{1}{10,000}$

Fr. Hennequin sc.

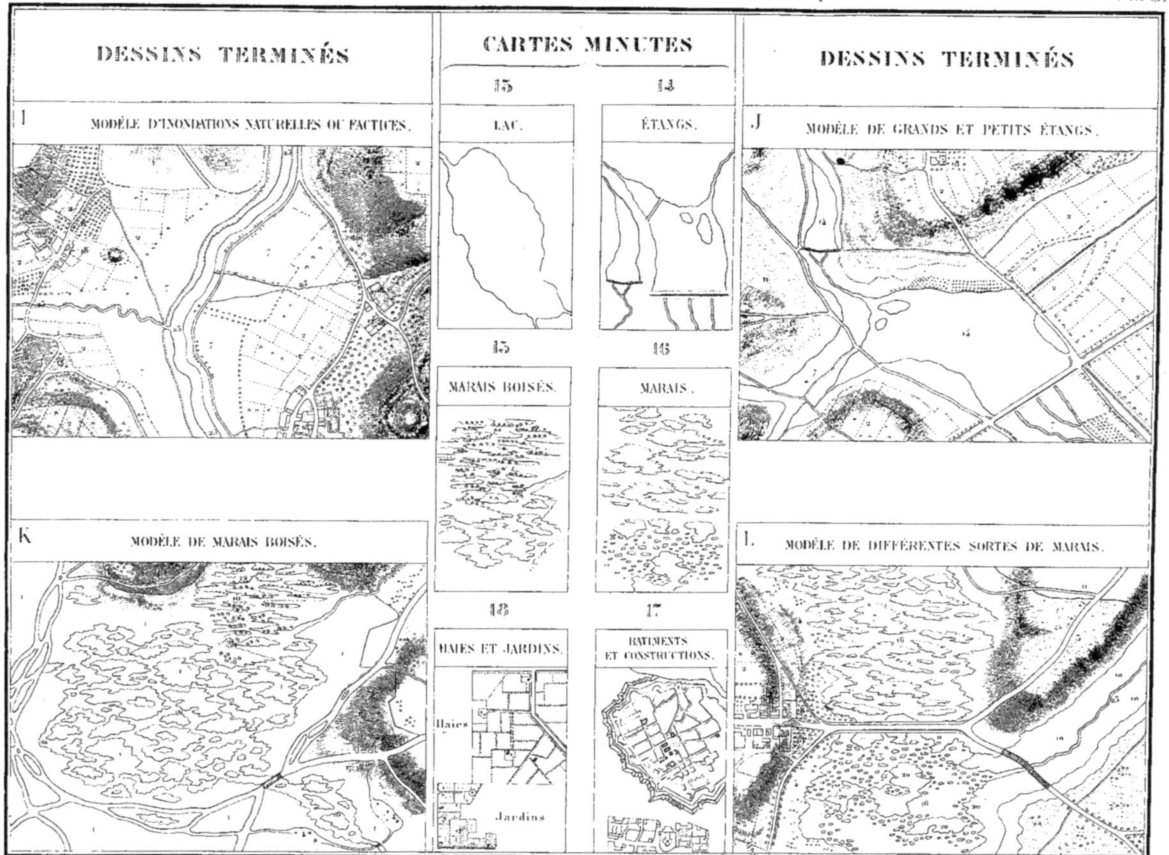

Commission Topographique réunie en 1802.

Échelle d'un Centimètre pour 100 Mètres ou 1/10,000.

Fr. Hennequin sc.

DESSINS TERMINÉS

M MODÈLE D'ESCARPEMENTS ET DE POINTES DE ROCHERS.

CARTES MINUTES

19

MERS.

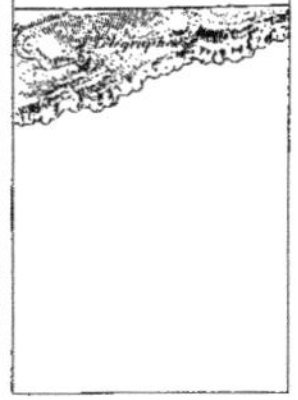

20

SABLES.

21

FLEUVES.

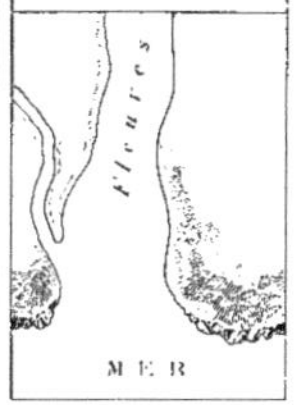

22

VASES.

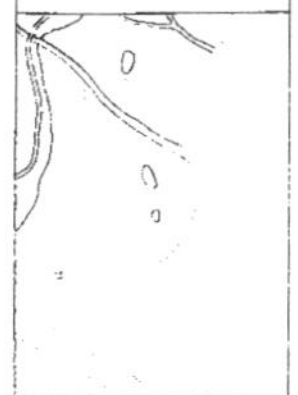

23

RIVIÈRES ET RUISSEAUX

24

MARAIS SALANTS.

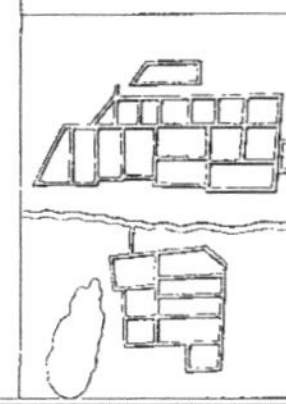

DESSINS TERMINÉS

N MODÈLE DE SABLES DÉCOUVERTS ET COUVERTS.

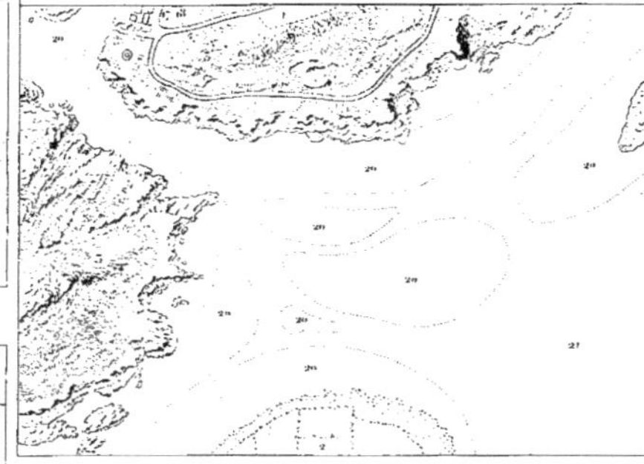

O MODÈLE DE FLEUVES ET RIVIÈRES

P MODÈLE DE VASES ET MARAIS SALANTS.

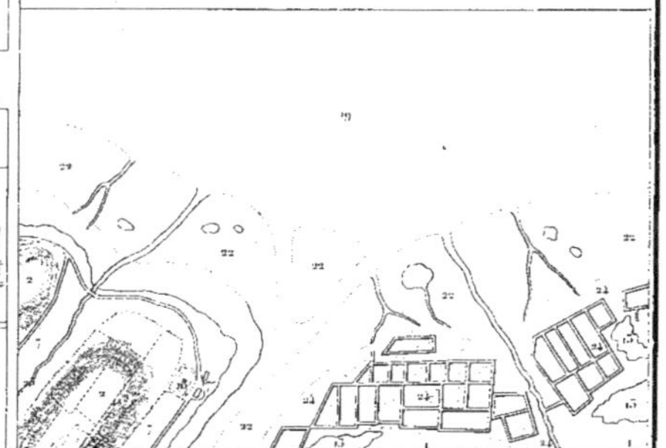

Commission Topographique réunie en 1802. Échelle d'un Centimètre pour 100 Mètres ou $\frac{1}{10,000}$ Fr. Hennequin sc.

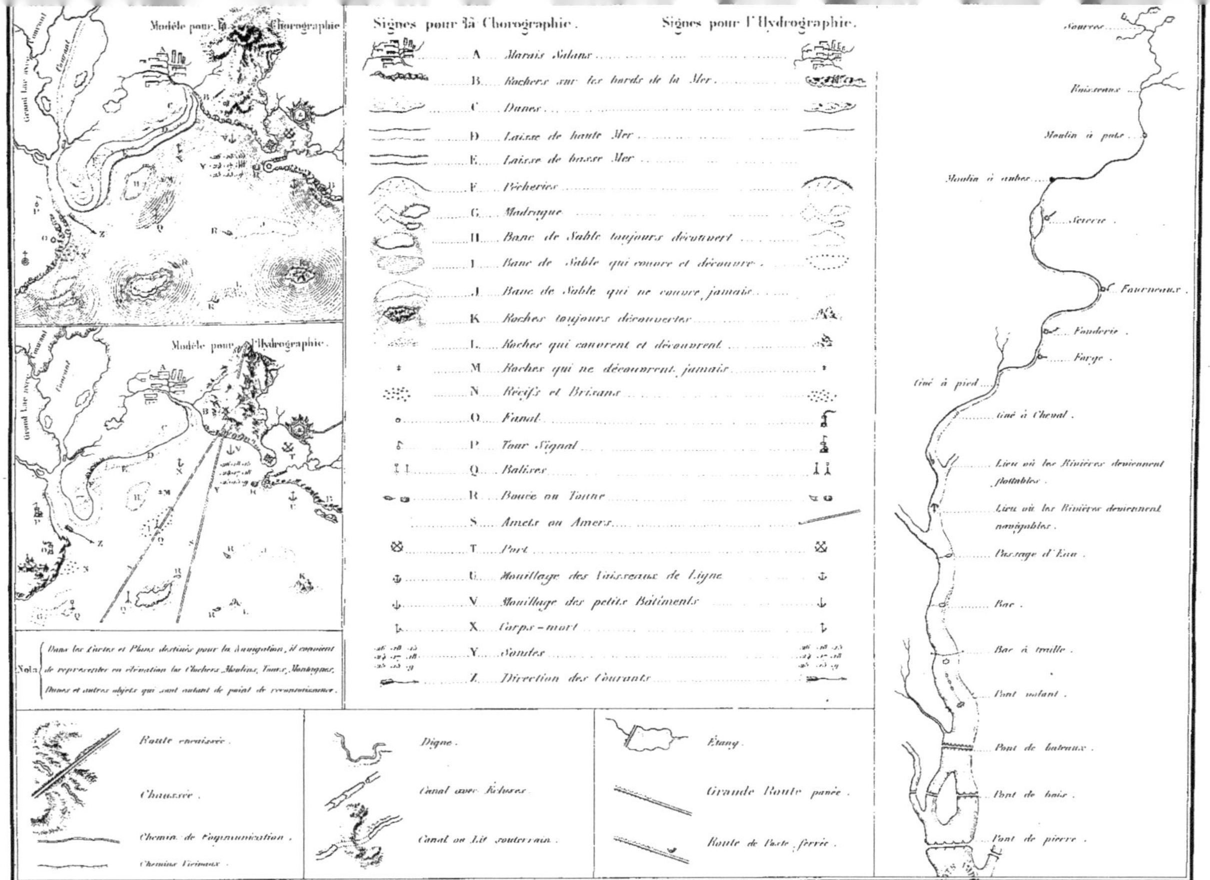

Commission de Topographie, réunie en 1802.

Echelle de 2 Millimètres pour 1000 Mètres, ou

Lecocq sc.

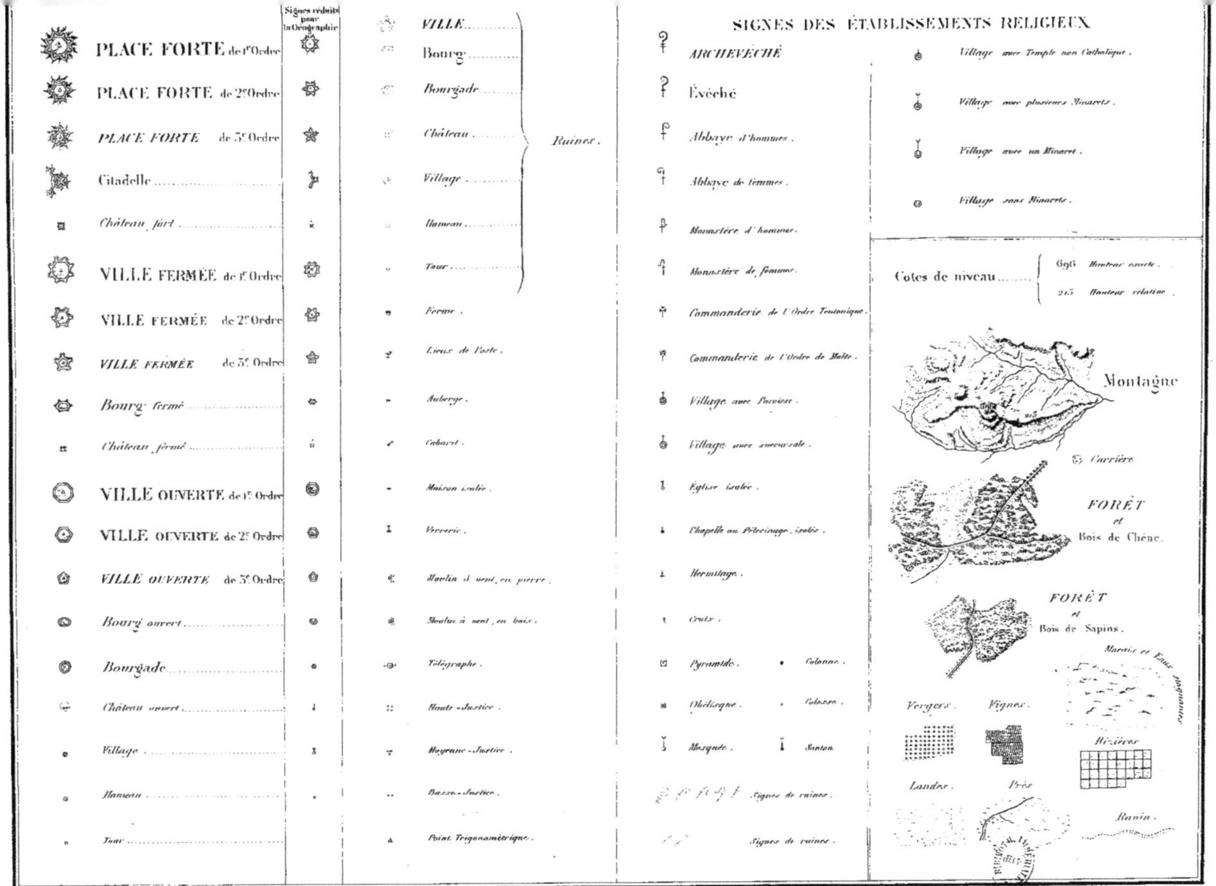

Commission de Topographie, réunie en 1802.

Échelle de 2 Millimètres pour 1000 Mètres, au $\frac{1}{500000}$.

Lecocq sc.

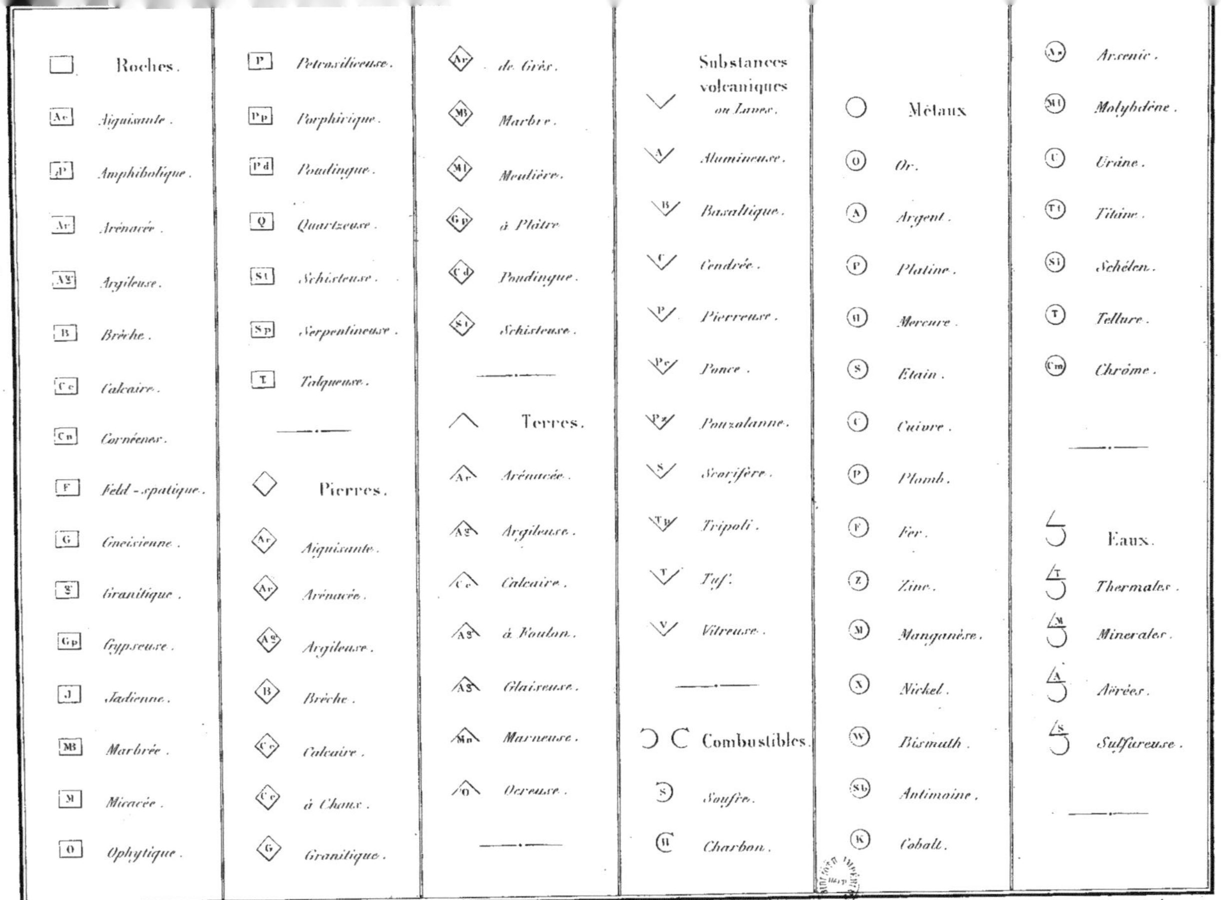

Commission de Topographie réunie en 1802.

Échelle d'un Centimètre pour 10 Mètres ou $\frac{1}{10,000}$.

Legros sc.

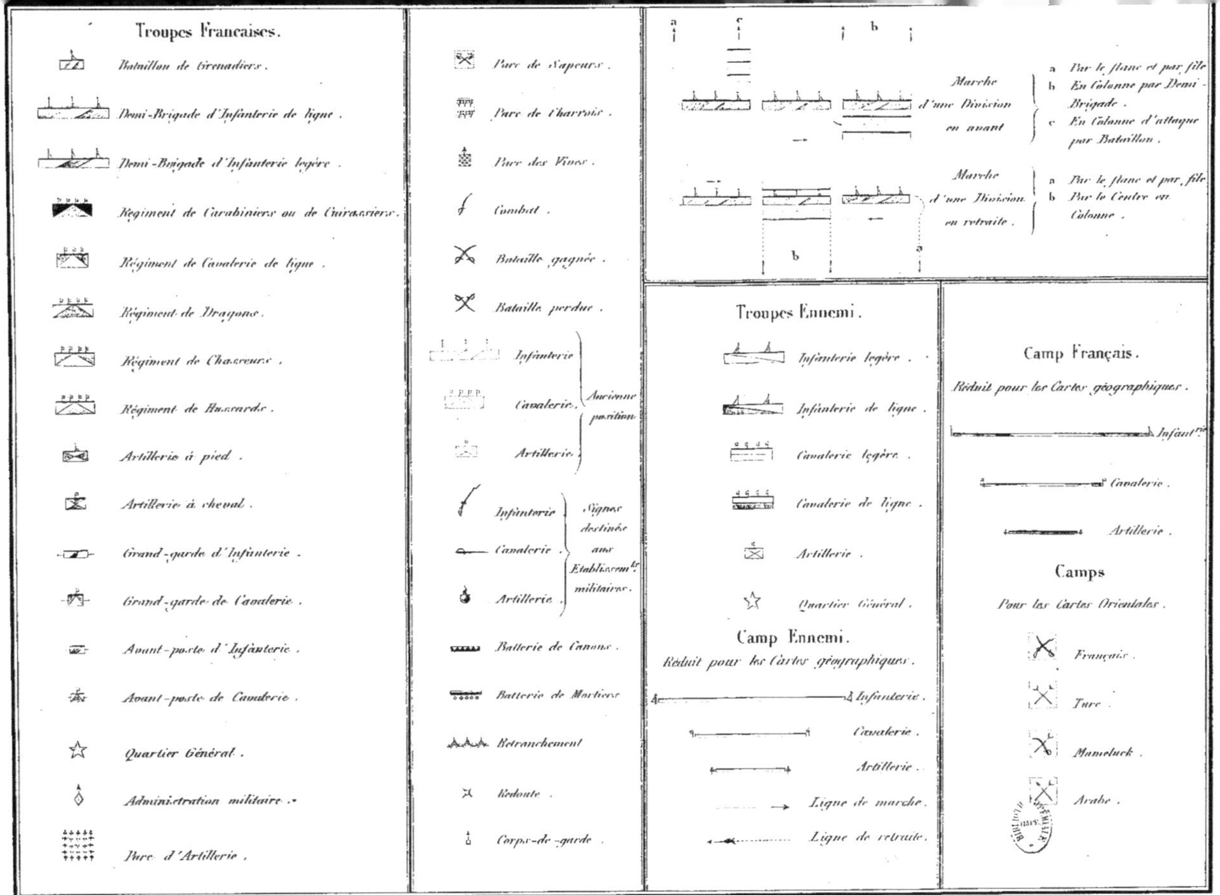

Commission de Topographie réunie en 1802.

Échelle de 2 Millimètres pour 100 Mètres ou 1/50,000.

Legras sc.

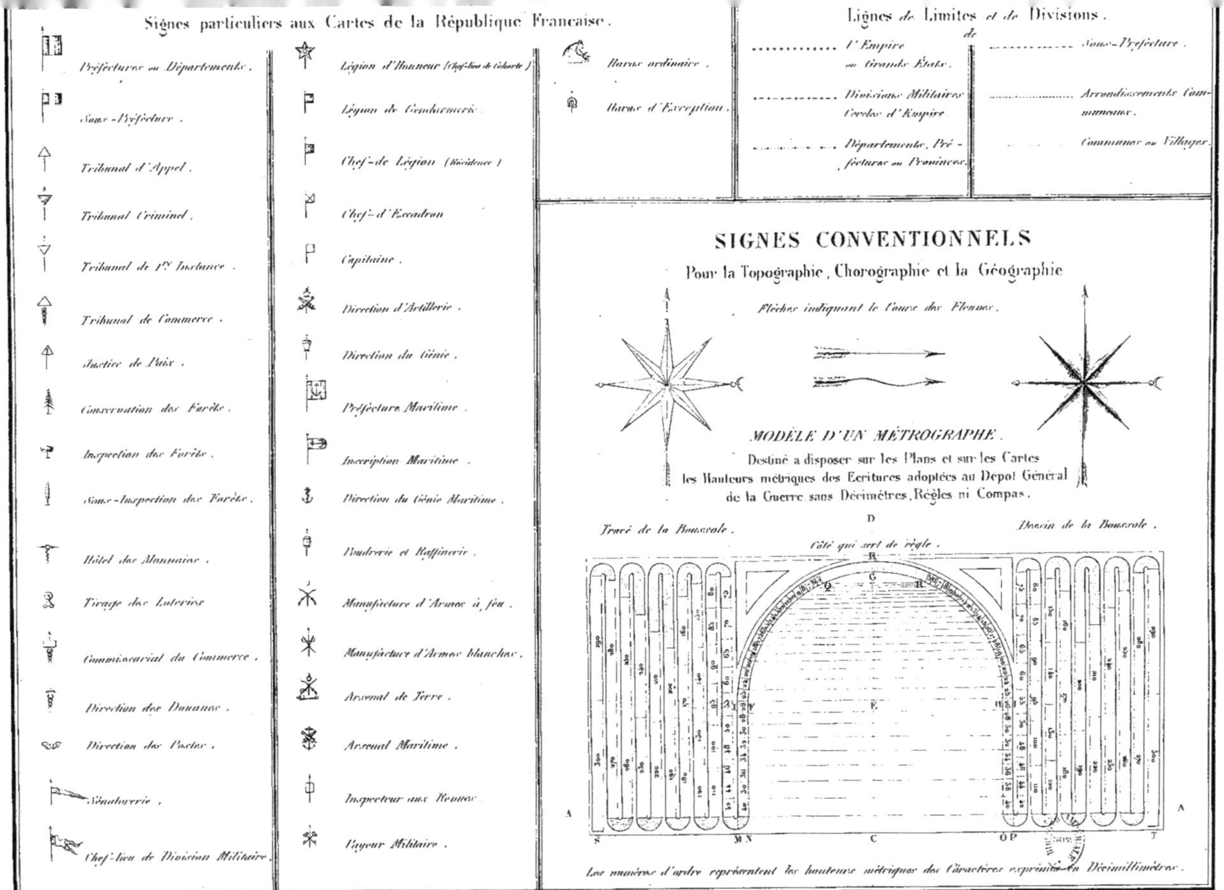

Commission de Topographie réunie en 1802.

Échelle de 2 Millimètres pour un mètre ou 1/500

Legros sc.

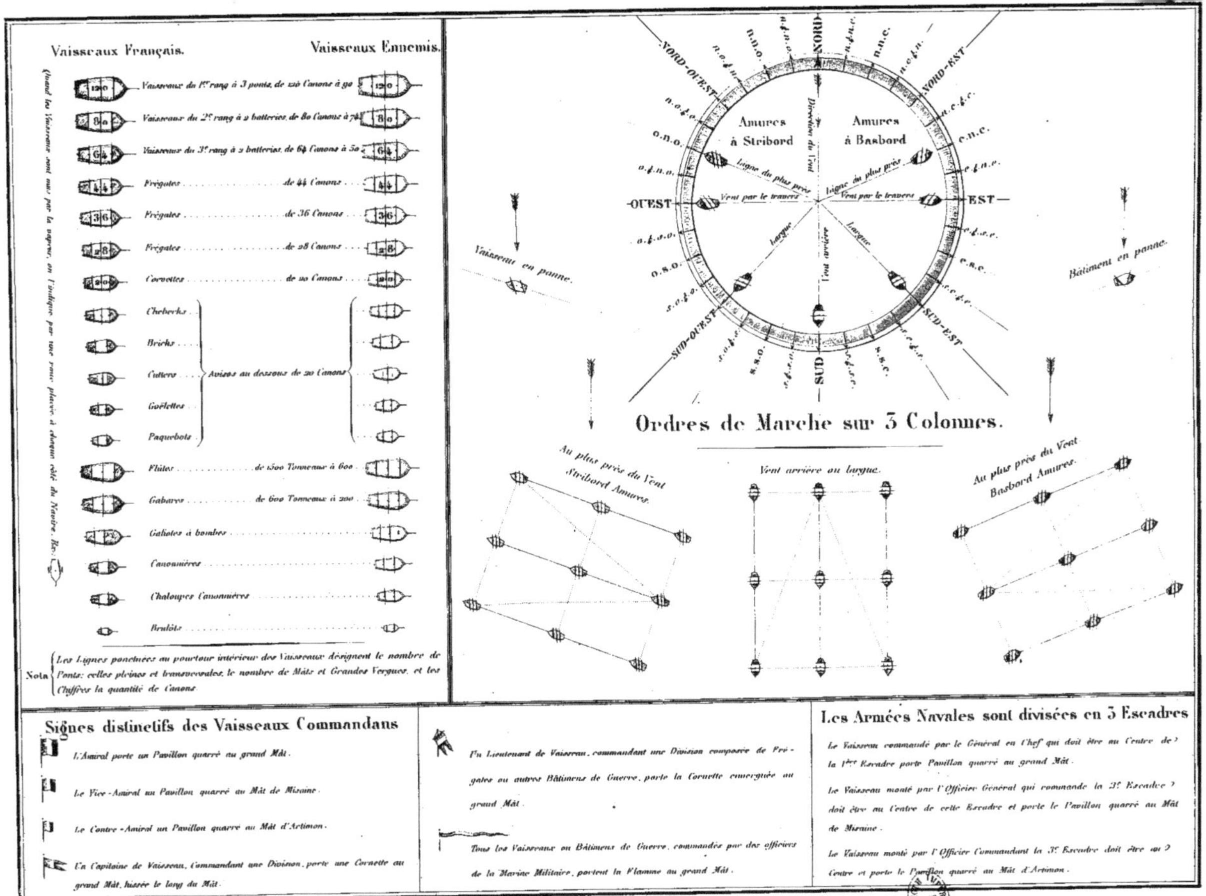

Commission Topographique réunie en 1802.

Echelle de 2 Centimètres pour 100 Mètres ou 5000.

Gravé par C. Legros.

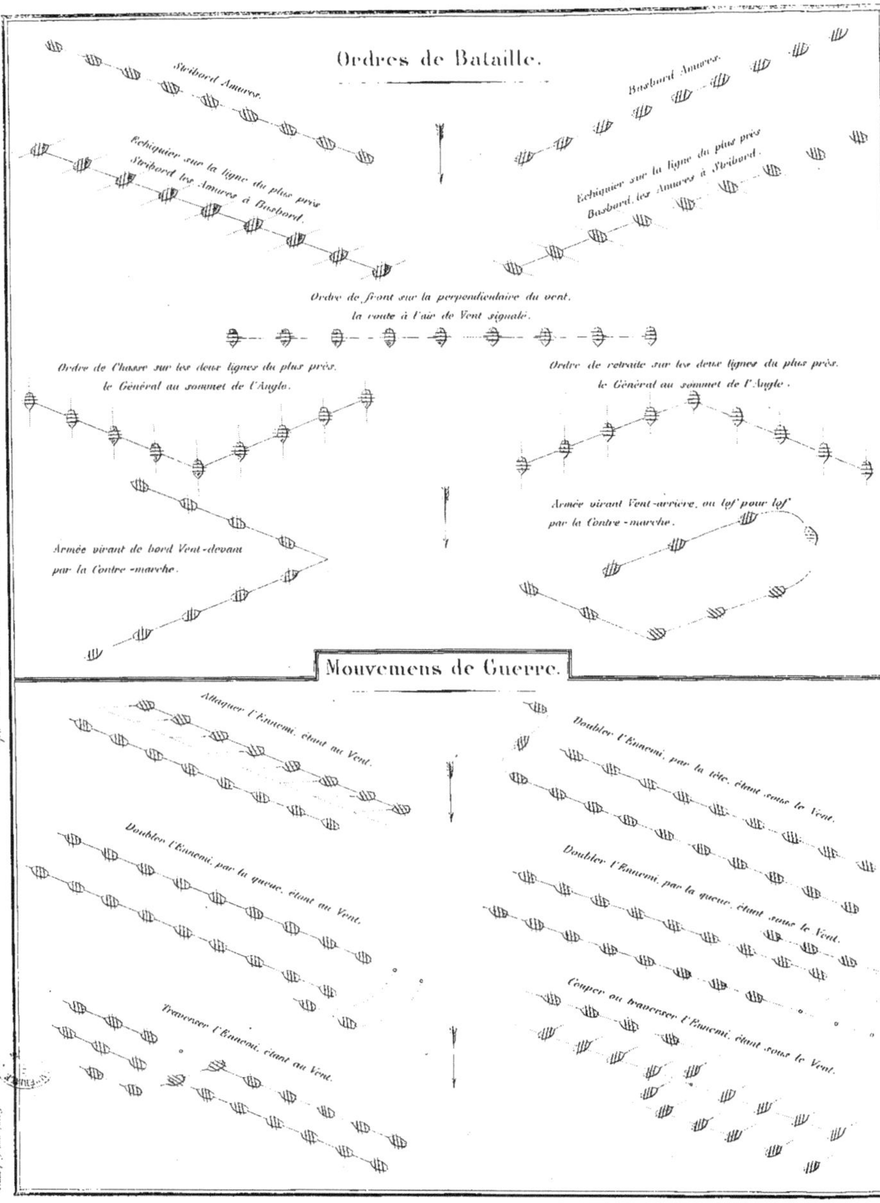

Commission Topographique réunie en 1802.

Echelle de 2 Centimètres pour 100 Mètres ou 1/5000.

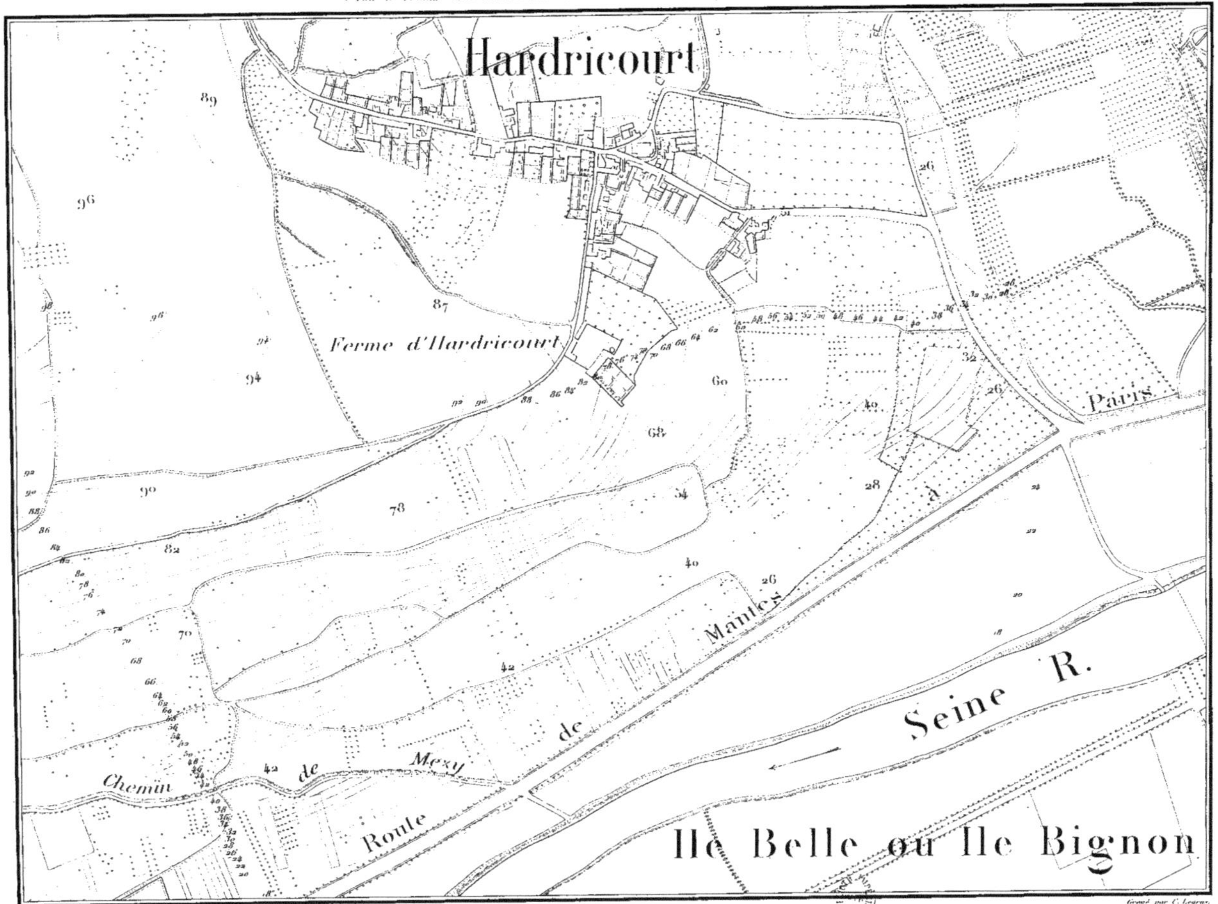

Échelle de $\frac{1}{5,000}$.

Equidistance de 2 Mètres.

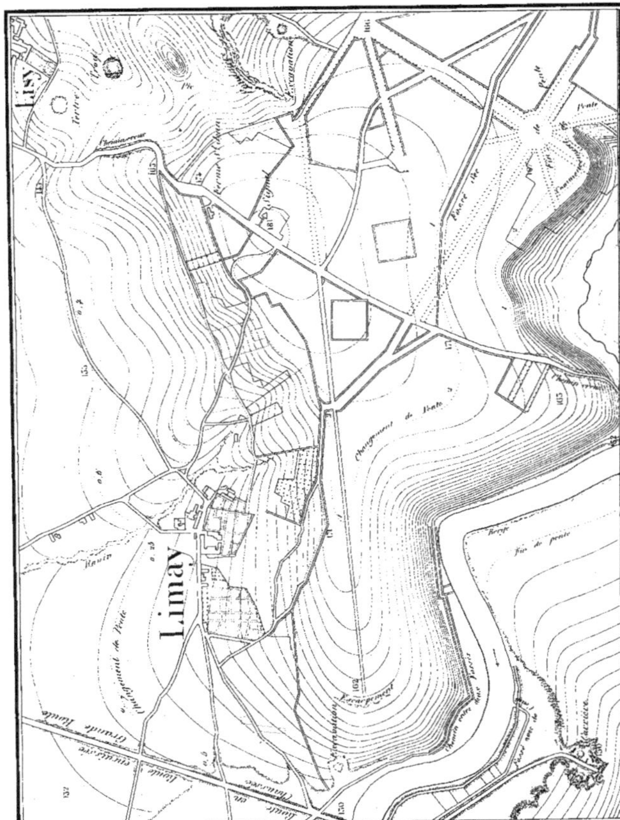

CARTE MINUTE N° 2

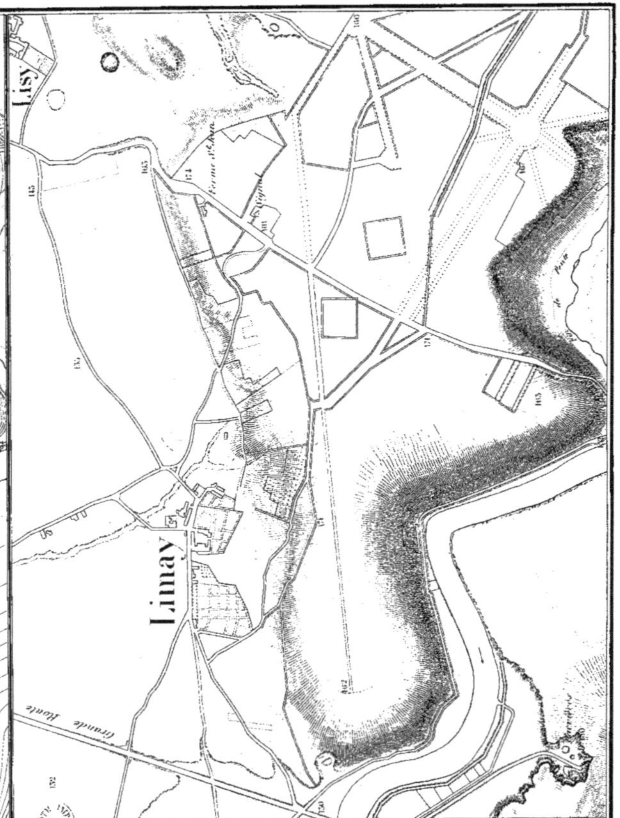

CARTE DESSINÉE D'APRÈS LA MINUTE N° 3

Impr. par Monrocq

Échelle de $\frac{1}{10,000}$. Equidistance de 2,50 Mètres.

Fréd. Hennequin sc.

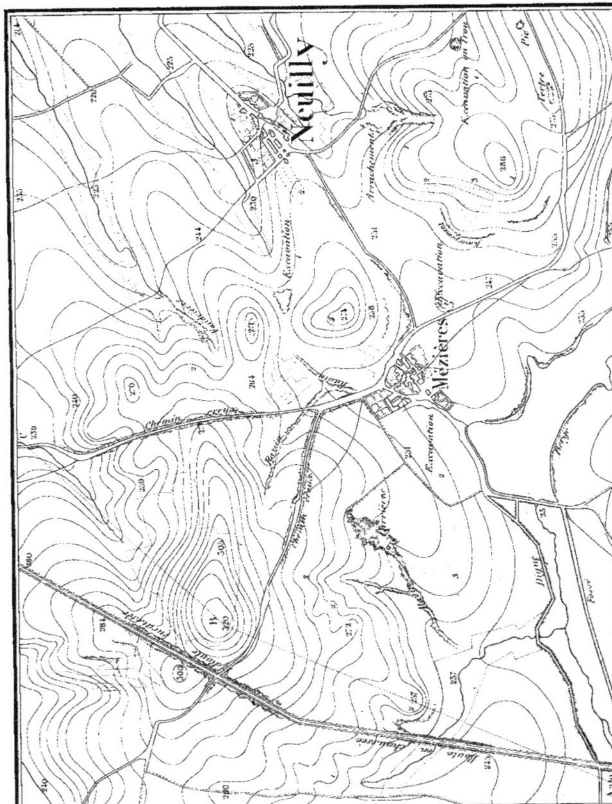

CARTE MINUTE

Nº 5

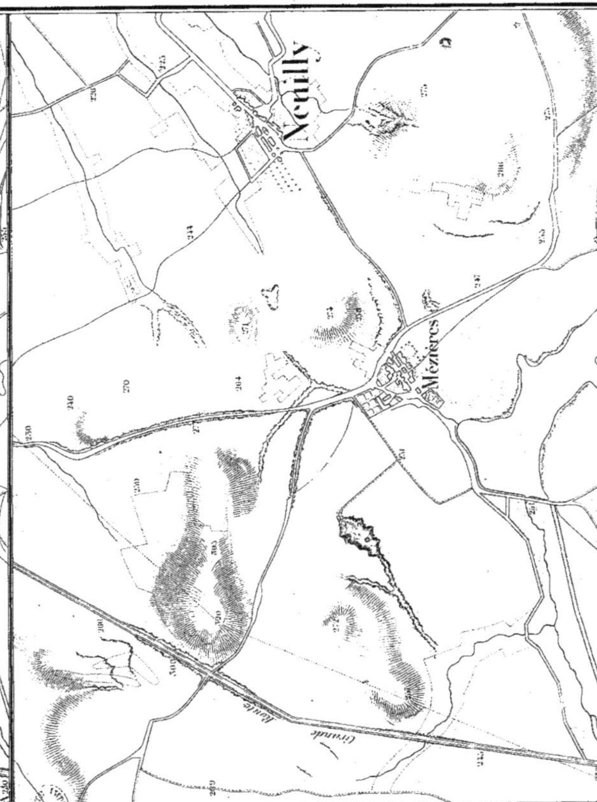

CARTE DESSINÉE D'APRÈS LA MINUTE

Nº 6

Impr. par Bougier.

Échelle de $\frac{1}{20,000}$

Equidistance de 5 Mètres.

Eug. Hennequin sc.

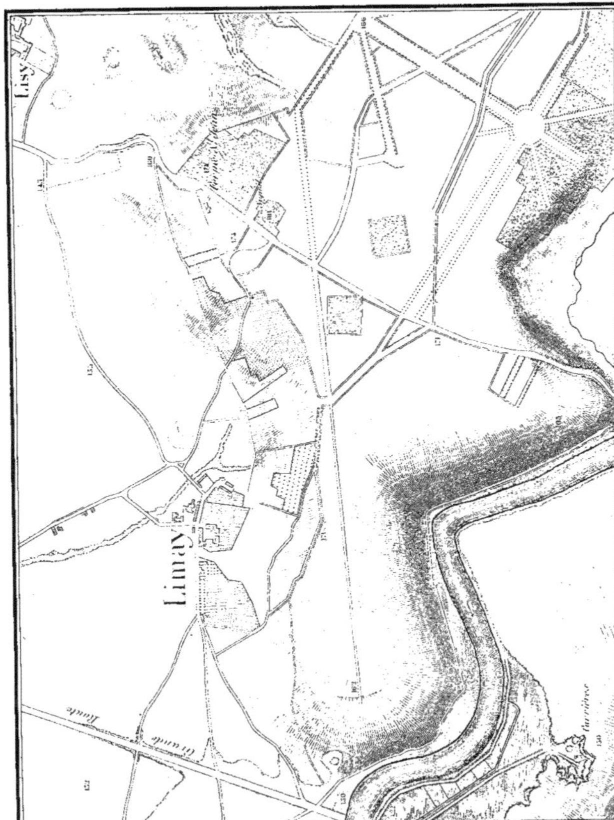

Échelle de $\frac{1}{10,000}$. Equidistance de 2,50 Mètres. Carte N° 4.

Échelle de $\frac{1}{20,000}$. Equidistance de 5 Mètres. Carte N° 7.

Fréd. Hennequin sc.

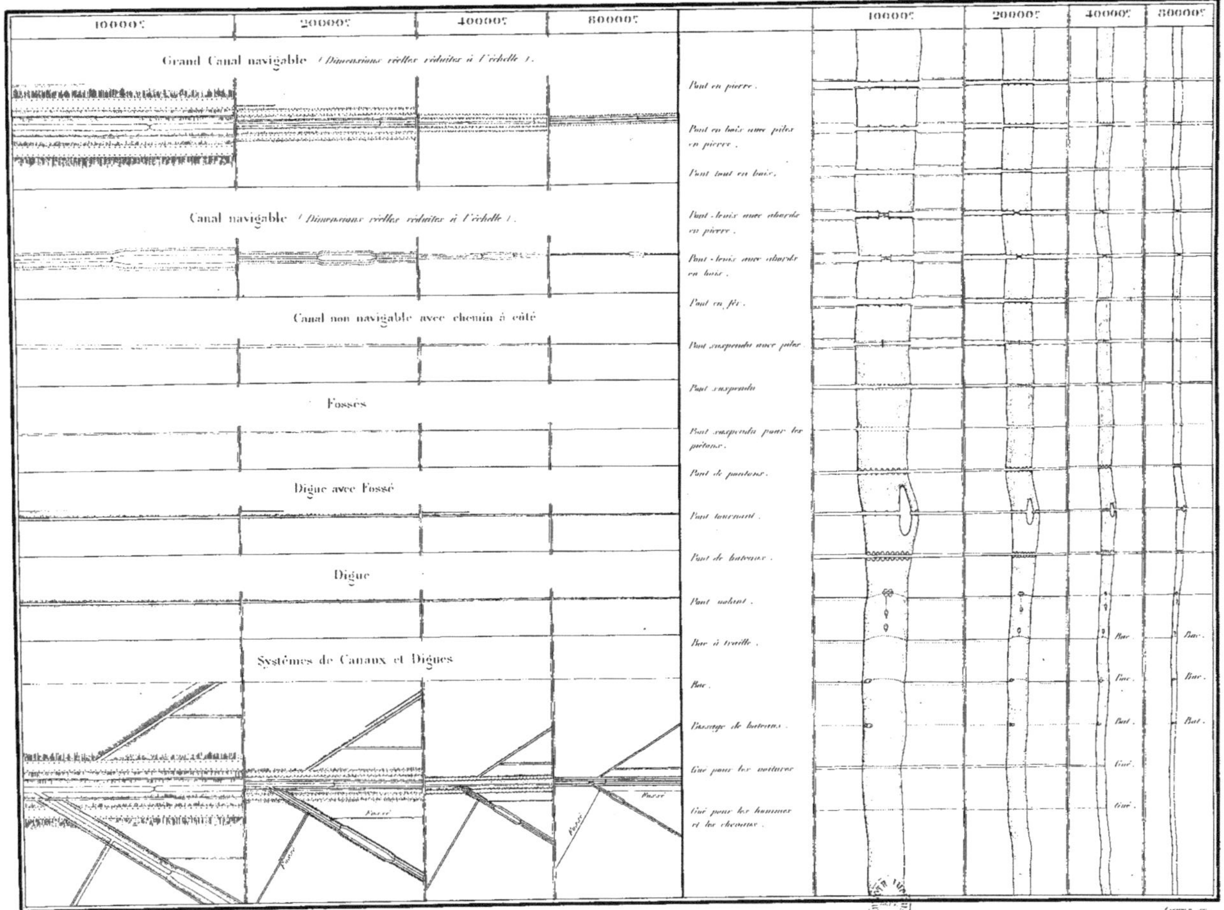
1/10000e
1/20000e
1/40000e
1/80000e
Grand Canal navigable (Dimensions réelles réduites à l'échelle).
Canal navigable (Dimensions réelles réduites à l'échelle).
Canal non navigable avec chemin à côté
Fossés
Digue avec Fossé
Digue
Systèmes de Canaux et Digues
Fossé
Pont en pierre.
Pont en bois avec piles en pierre.
Pont tout en bois.
Pont-levis avec abords en pierre.
Pont-levis avec abords en bois.
Pont en fer.
Pont suspendu avec piles.
Pont suspendu.
Pont suspendu pour les piétons.
Pont de pontons.
Pont tournant.
Pont de bateaux.
Pont volant.
Bac à traille.
Bac.
Passage de bateaux.
Gué pour les voitures.
Gué pour les hommes et les chevaux.
Bac.
Bat.
Gué.

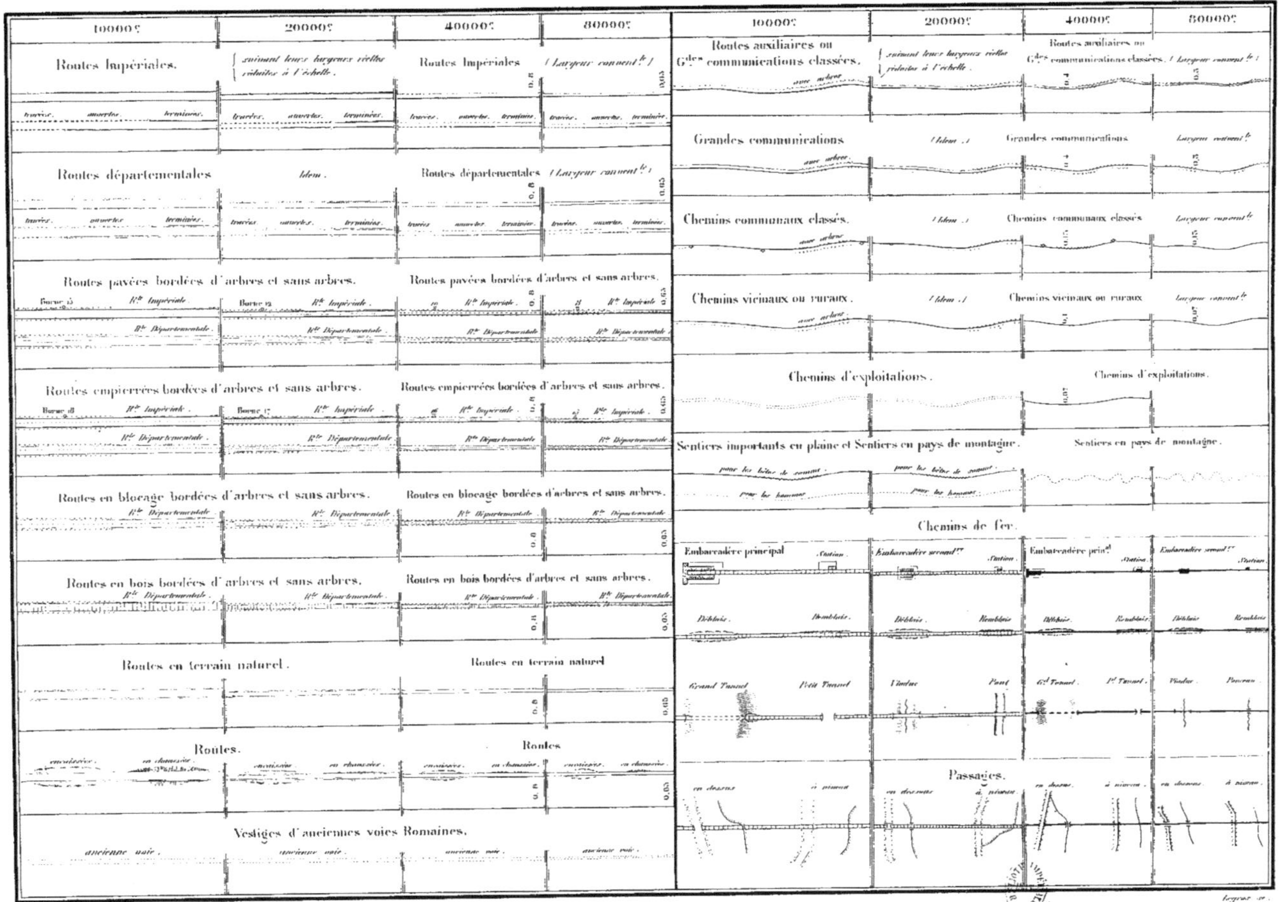

10000e
20000e
40000e
80000e
Routes Impériales.
suivant leurs largeurs réelles réduites à l'échelle.
Routes Impériales
(Largeur convent.le)
0.8
0.05
tracées. ouvertes. terminées.
Routes départementales
Idem.
Routes départementales (Largeur convent.le)
Routes pavées bordées d'arbres et sans arbres.
Borne 15
Borne 12
Rte Impériale.
Rte Départementale.
Routes empierrées bordées d'arbres et sans arbres.
Borne 18
Borne 17
Routes en blocage bordées d'arbres et sans arbres.
Routes en bois bordées d'arbres et sans arbres.
Routes en terrain naturel.
Routes.
encaissées. en chaussée.
Vestiges d'anciennes voies Romaines.
ancienne voie.
Routes auxiliaires ou Gdes communications classées.
avec arbres
Grandes communications
(Idem.)
Largeur convent.le
Chemins communaux classés.
Chemins vicinaux ou ruraux.
Chemins d'exploitations.
Sentiers importants en plaine et Sentiers en pays de montagne.
Sentiers en pays de montagne.
pour les bêtes de somme.
pour les hommes.
Chemins de fer.
Embarcadère principal
Station.
Embarcadère second.re
Embarcadère prin.al
Déblais.
Remblais.
Grand Tunnel
Petit Tunnel
Viaduc
Pont
Gd Tunnel.
Pt Tunnel.
Ponceau.
Passages.
en dessus
à niveau
en dessous
Legras sc.

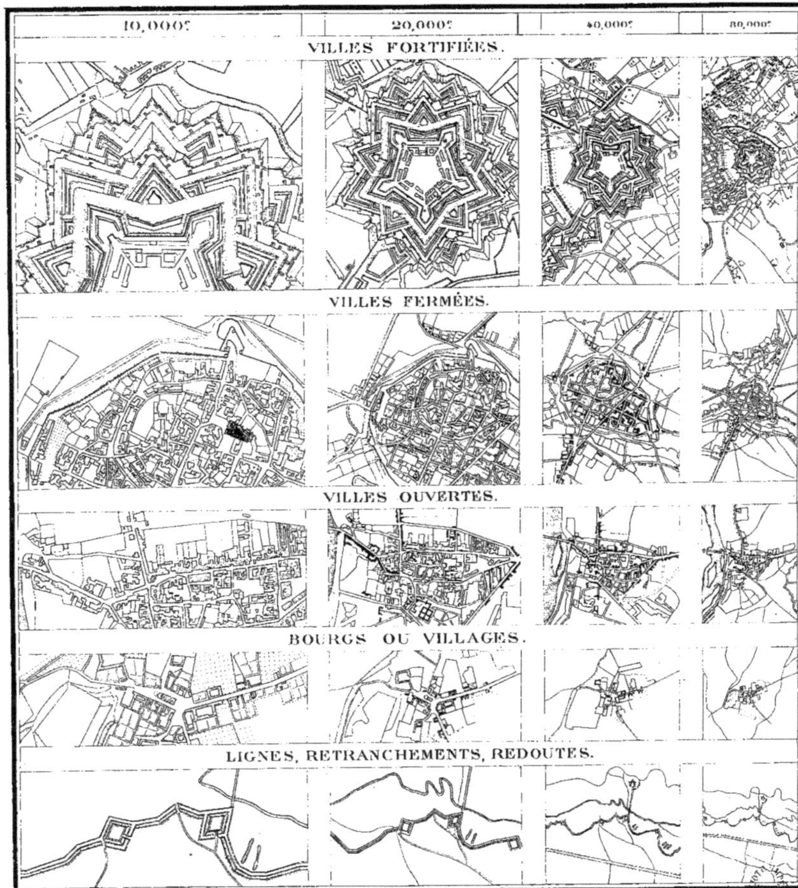

OBJETS.	10,000?	20,000?	40,000?	80,000?
Eglise	Eglise	Eglise	Eg.	Eg.
Chapelle ou Hermitage	Chapelle	Chapelle	Herm.	Chap.
Calvaire	Calvaire	Calv.re	Cal.	Cal.
Croix				
Château	Château	Château	Ch.au	Ch.au
Ferme	Ferme	Ferme	F.me	F.e
Bâtimens en pierre				
Bâtimens en bois				
Tour	Tour	Tour	Tour	Tour
Phare	Phare	Phare	Ph.	Ph.
Puits	Puits	Puits	Puits	Puits
Fontaine	Fontaine	Font.e	F.ne	F.ne
M.in à vent en pierre	Moulin	Moulin	M.in	M.in
M.in à vent en bois	Moulin	Moulin	M.in	M.in
Moulin à eau	Moulin	Moulin	M.in	M.in
Forge, Usine	Forge	Usine	F.ge	U.
Manufacture	Manufacture	Manufacture	Manuf.	Man.
Point Trigonométrique	Signal	Pyramide	Sig.	Pyr.
Clocher servant de Point Trigonométrique				
Borne Milliaire	18 Borne	18 B.e	18	18
Borne Limite	Borne	B.e		
Manoir ou Edifice remarquable				

Commission Topographique réunie en 1828.

Gravé par F. Hennequin.

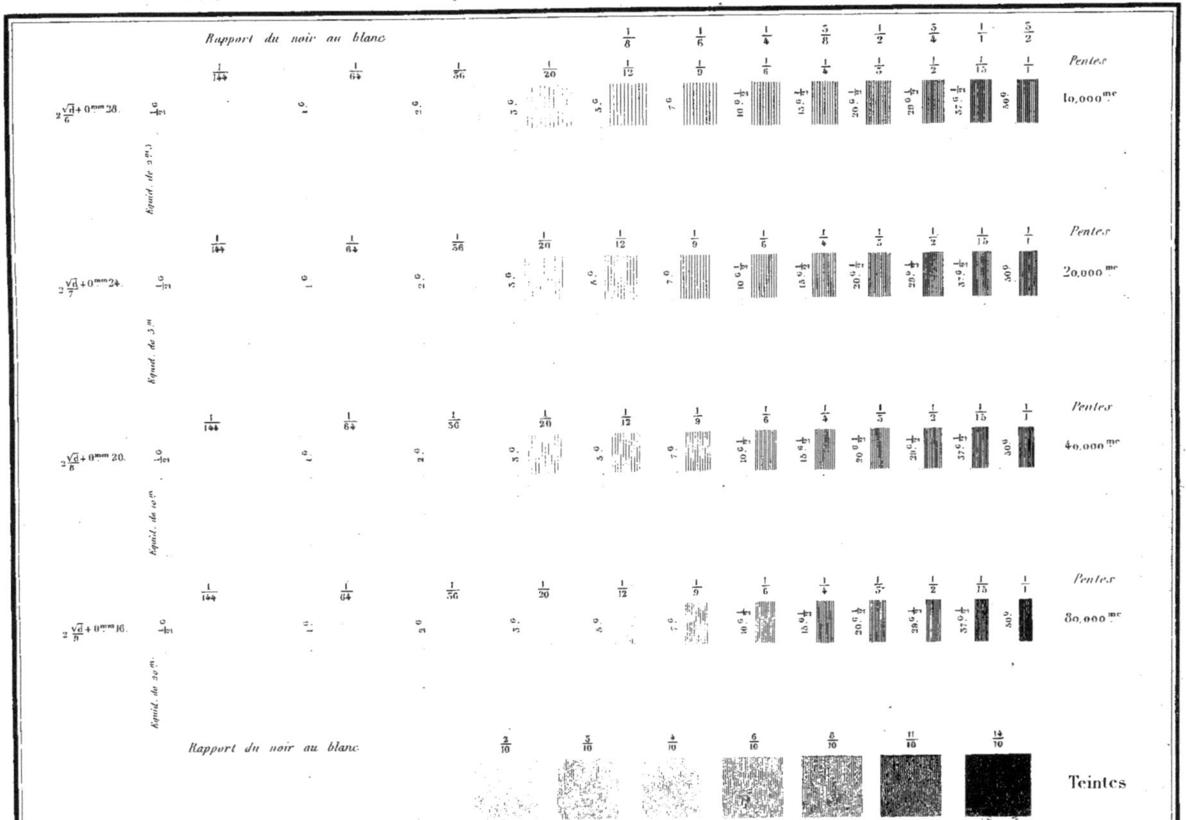

Le rapport du noir au blanc est égal à la fraction qui représente la pente multipliée par 1,5.

L'intervalle i *des hachures d'axe à axe est donné par l'expression* $i = 2\frac{\sqrt{d}}{10} + n^{mm}$ *dans laquelle* d *est la distance en millimètres entre deux couches horizontales consécutives.* m *et* n *variant avec l'échelle suivant une loi facile à saisir.*

Gravé par Labelle.

	10000ᵉ	20000ᵉ	40000ᵉ	80000ᵉ
1ᵉʳ Ordre	VILLE 70	VILLE 55	VILLE 50	VILLE 60
2ᵉ Ordre	VILLE 60	VILLE 50	VILLE 40	VILLE 30
3ᵉ Ordre	VILLE 45	VILLE 55	VILLE 25	VILLE 20
	BOURG 36	*BOURG* 25	*BOURG* 20	*BOURG* 15
Grand	Village 30	Village 25	Village 20	Village 16
Ordinaire	Village 25	Village 20	Village 15	Village 12
	Hameau 20	*Hameau* 15	*Hameau* 12	*Hameau* 10
	CITADELLE 35	*CITADELLE* 25	*CITADELLE* 20	*CITADELLE* 13
	Château Fort 20	Château Fort 15	Château Fort 12	Château Fort 10
	Château de Plai. 15	Château de Plai. 12	Château de Plai. 10	Château de Plai. 8
	Couvent, Abbaye 15	*Couvent, Abbaye* 12	*Couvent, Abbaye* 10	*Couvent, Abbaye* 8
	FAUBOURG 30	*FAUBOURG* 25	*FAUBOURG* 20	*FAUBOURG* 15
	Fort 25	Fort 20	Fort 15	Fort 12
	Porte, Barrière 15	Porte, Barrière 12	Porte, Barrière 10	*Porte, Barrière* 8
	Port de Rivière 15	Port de Rivière 12	Port de Rivière 10	*Port de Rivière* 8
	Redoute 20	Redoute 15	*Redoute* 12	*Redoute* 10
	Retranchement 15	*Retranchement* 12	*Retranchement* 10	*Retranchement* 8
	Parc 25	*Parc* 20	*Parc* 15	*Parc* 10
	Bruyère 25	*Bruyère* 20	*Bruyère* 15	*Bruyère* 10
	Marais 25	*Marais* 20	*Marais* 15	*Marais* 10
	Lieu-dit 20	*Lieu-dit* 15	*Lieu-dit* 12	*Lieu-dit* 10
	Glacier 20	Glacier 15	Glacier 12	Glacier 10
	Rocher 20	Rocher 15	Rocher 12	Rocher 10
Moyen	*GOLFE* 40	*GOLFE* 30	*GOLFE* 25	*GOLFE* 20
Ordinaire	Golfe 20	Golfe 15	Golfe 12	Golfe 10
	RADE 35	*RADE* 30	*RADE* 25	*RADE* 20
	BAIE 40	BAIE 35	BAIE 30	BAIE 25
Grand	*CAP* 35	*CAP* 30	*CAP* 25	*CAP* 20
Ordinaire	Cap 20	Cap 15	Cap 12	Cap 10

	10000ᵉ	20000ᵉ	40000ᵉ	80000ᵉ
Grande	ILE *en mer* 40	ILE 30	ILE 45	ILE 35
Moyenne	*ILE* 45	*ILE* 40	*ILE* 35	*ILE* 25
Petite	Ile 20	Ile 15	Ile 12	Ile 10
	Ile de Rivière 28	*Ile* 18	*Ile* 15	*Ile* 10
Grande	*DUNE* 35	*DUNE* 30	*DUNE* 25	*DUNE* 20
Petite	*Dune* 20	*Dune* 15	*Dune* 12	*Dune* 10
Grand	Banc *de Sable* 25	Banc de Sab. 20	*Banc de Sab* 16	*Banc de Sab.* 12
Petit	*Banc de Sab.* 20	*Banc de Sabl.* 15	*Banc de Sable* 12	*Banc de Sable.* 10
Grand	GOLFE 60	GOLFE 50	GOLFE 45	GOLFE 35
Grande	*LANDE* 35	*LANDE* 30	*LANDE* 25	*LANDE* 20
Petite	Lande 25	Lande 20	Lande 15	Lande 12
	Tourbière 25	*Tourbière* 20	*Tourbière* 15	*Tourbière* 13
	Rizière 25	*Rizière* 20	*Rizière* 15	*Rizière* 12
	Saline 20	*Saline* 18	*Saline* 15	*Saline* 12
Grande	FORÊT 60	FORÊT 50	FORÊT 35	FORÊT 25
Petite	FORÊT 50	FORÊT 40	FORÊT 30	FORÊT 20
Grand	*BOIS* 35	*BOIS* 25	*BOIS* 20	*BOIS* 15
Petit	Bois 25	Bois 20	Bois 15	Bois 12
Gᵈᵉ Chaîne	MONT. 60	MONT. 50	MONT. 40	MONT. 35
Chaîne secʳᵉ	*MONT.* 50	*MONT.* 40	*MONTA.* 30	*MONTA.* 25
Isolée	*MONTAG.* 30	*MONTAG.* 25	*MONTAGNE* 20	*MONTAGNE* 15
	Mont 20	Mont 16	Mont 15	Mont 10
	VALLÉE 40	*VALLÉE* 30	*VALLÉE* 25	*VALLÉE* 20
	Vallon 25	Vallon 20	Vallon 15	Vallon 10
	FLEUVE 30	*FLEUVE* 25	*FLEUVE* 20	*FLEUVE* 15
	Rivière 25	Rivière 20	Rivière 15	Rivière 12
	Ruisseau 15	*Ruisseau* 12	*Ruisseau* 10	*Ruisseau* 8

Commission de Topographie réunie en 1802.

	10000e		20000e		40000e		80000e	
Grand	CANAL	30	CANAL	25	CANAL	20	CANAL	13
Ordinaire	Canal	20	Canal	18	Canal	15	Canal	12
1ère Classe	Route	20	Route	18	Route	15	Route	12
2e Classe	Route	15	Route	13	Route	10	Route	10
3e Classe	Route	15	Route	12	Route	10	Route	8
	Chaussée	18	Chaussée	15	Chaussée	12	Chaussée	10
	Chemin, Sentier	15	Chemin, Sentier	12	Chemin, Sentier	10	Chemin, Sentier	7
	Avenue	15	Avenue	12	Avenue	10	Avenue	7
Grand	LAC	35	LAC	30	LAC	25	LAC	20
Moyen	LAC	30	LAC	25	LAC	20	LAC	15
Petit	Lac	16	Lac	12	Lac	10	Lac	7
Grand	ETANG	35	ÉTANG	30	ETANG	22	ETANG	20
Moyen	Etang	20	Etang	18	Etang	14	Etang	10
Petit	Etang	15	Etang	12	Etang	10	Etang	7
d'un Fleuve ou d'une Gde Rivière	EMBOUC.RE	35	EMBOUC.RE	30	EMBOUC.RE	25	EMBOUC.RE	20
d'une Rivre ordinaire	Embouchure	18	Embouchure	15	Embouchure	12	Embouchure	10
	Digue	20	Digue	18	Digue	12	Digue	10
	Camp	20	Camp	15	Camp	12	Camp	10
	Aqueduc	18	Aqueduc	12	Aqueduc	10	Aqueduc	8
	Anse	25	Anse	20	Anse	15	Anse	12

Noms des objets qui aux échelles du 10,000e et du 20,000e doivent avoir 10 de hauteur et 8 à celles du 40,000e et du 80,000e

Chapelle, Croix.	Fanal, Ferme.	Pont.	Télégraphe.
Ermitage, Tour.	Fonderie, Forge.	Poteau indicatr.	Torrent.
Tombeau.	Fourneau.	Poteau de limite.	Trou.
Cimetière.	Four à Chaux.	Pointe.	Tuilerie.
Auberge.	Four à Plâtre.	Ravin.	Usine.
Barrage, Bac.	Gué, Laisse de hte	Rigole.	Verrerie.
Briqueterie.	et basse mer.	Ruine.	Nota: les chiffres placés à
Batterie, Borne.	Mine.	Sablonnière.	côté de chaque mot indiquent
Carrefour, Ecluse.	Moulin.	Scierie.	sa hauteur en décimillimètres.

Commission de Topographie réunie en 1802.

NOUVELLE CARTE DE LA FRANCE.

Extrait de l'explication des signes.

Les mouvemens du terrain sont figurés au moyen des lignes de plus grande pente, tracées approximativement d'après les courbes de niveau déterminées sur les minutes: ces lignes ou hachures sont modifiées dans leur force et leur espacement, de manière à produire des teintes croissant comme la rapidité des pentes qu'elles représentent, conformément aux décisions de S. E. le Ministre de la Guerre en ce qui concerne spécialement la gravure des Cartes exécutées au Dépôt de la Guerre.

Les chiffres isolés indiquent les différences de niveau, comptées en mètres, et rapportées à la surface moyenne de l'Océan: ce sont les repères géométriques de départ, pour le tracé des courbes horisontales et, conséquemment les bases du figuré du terrain; ces cotes dont il y aura un millier par feuille de gravure, sont exactes à 1 ou 2 mètres près.

Le petit rond dans les villages ou autres lieux, marque la place de l'église ou plutôt du clocher; lorsqu'il y a un point au centre du cercle, ce clocher est alors une position trigonométrique: ailleurs ces positions fondamentales sont indiquées par un triangle ayant aussi un point à son centre. Toutes ces positions sont rigoureusement déterminées et la distance horizontale qui les sépare est connue numériquement à un ou deux mètres près. En général, tous les détails planimétriques étant rigoureusement tracés et directement portés sur le cuivre, sans opérations intermédiaires, toutes les distances peuvent se mesurer sur l'épreuve avec une extrême précision, quoique les dimensions réelles y soient réduites dans le rapport de 80,000 à 1, en ayant égard toutefois au retrait du papier. Si, par exemple, on relève avec le compas une distance quelconque à un demi-millimètre près, ce qui n'offre aucune difficulté, on sera certain de connaître cette distance à moins de 40 mètres. On réduirait l'incertitude à moitié, si l'on eût apprécié l'ouverture du compas à un quart de millimètre près.

Pour éviter de surcharger la Carte de chiffres, on a exprimé la population des communes par un artifice simple, et au moyen des lettres mêmes du nom de la commune, considérées dans leur ordre numérique. Le croissant indique des dixaines de mille; le trait vertical des mille; le trait horizontale des centaines; enfin le simple point exprime des dixaines. Ces différens signes placés indifféremment au-dessous ou au-dessus des lettres du mot, font connaître la population de chaque commune. Ainsi pour Donchery, *par exemple, le trait vertical placé sous la première lettre indique 1,000; le trait horizontal placé sous la 4e lettre vaut 400, et le point qu'on voit sous la 3e vaut 30; ces trois quantités font 1430. C'est le nombre des âmes que renferme la commune de Donchery, à 4 ou 5 habitants près. Si le nom n'eût eu que trois lettres on aurait placé, dans ce cas, deux traits horizontaux sous la seconde lettre* o; *etc.*

Les circonscriptions des communes, des cantons, des arrondissemens de sous préfectures, &c. sont indiquées par des lignes de points convenablement différenciés.

N. B. *Dans le choix des signes et de tous les procédés d'imitation dont on a fait usage, on s'est d'abord proposé d'éviter le défaut assez commun d'offrir une carte trop noire. En second lieu on a voulu que tous les objets les plus importants à faire remarquer et qui forment la base des cartes, fussent aussi les plus apparens, comme les cours d'eau, les routes, les lieux habités, les noms des communes &c. Ces objets ne pourront échapper à des yeux même affaiblis. Les autres indications qui offrent peut-être un but d'utilité moins général, sont aussi moins saillants à la vue; c'est par ce moyen qu'on est parvenu à exprimer sans confusion sur une échelle de $\frac{1}{80,000}$, une foule de détails qu'aucune carte du même genre n'a présentés jusqu'ici, tout en conservant la clarté nécessaire et un aspect d'ensemble assez harmonieux.*

Un procédé analogue à celui employé pour indiquer les populations, exprimera aussi la surface du territoire de chaque commune en hectares.

SP (dans un losange)	*Sous-Préfecture.*
CT (dans un cercle)	*Canton.*
C (dans un carré)	*Pierre calcaire.*
☩	*Cure.*
+	*Desservant.*
✗	*Annexe: la croix est dirigée vers la cure dont l'annexe dépend &c. &c.*

Nota. *Quelques-uns de ces signes conventionnels n'ont été qu'en projet ou sont abandonnés.*

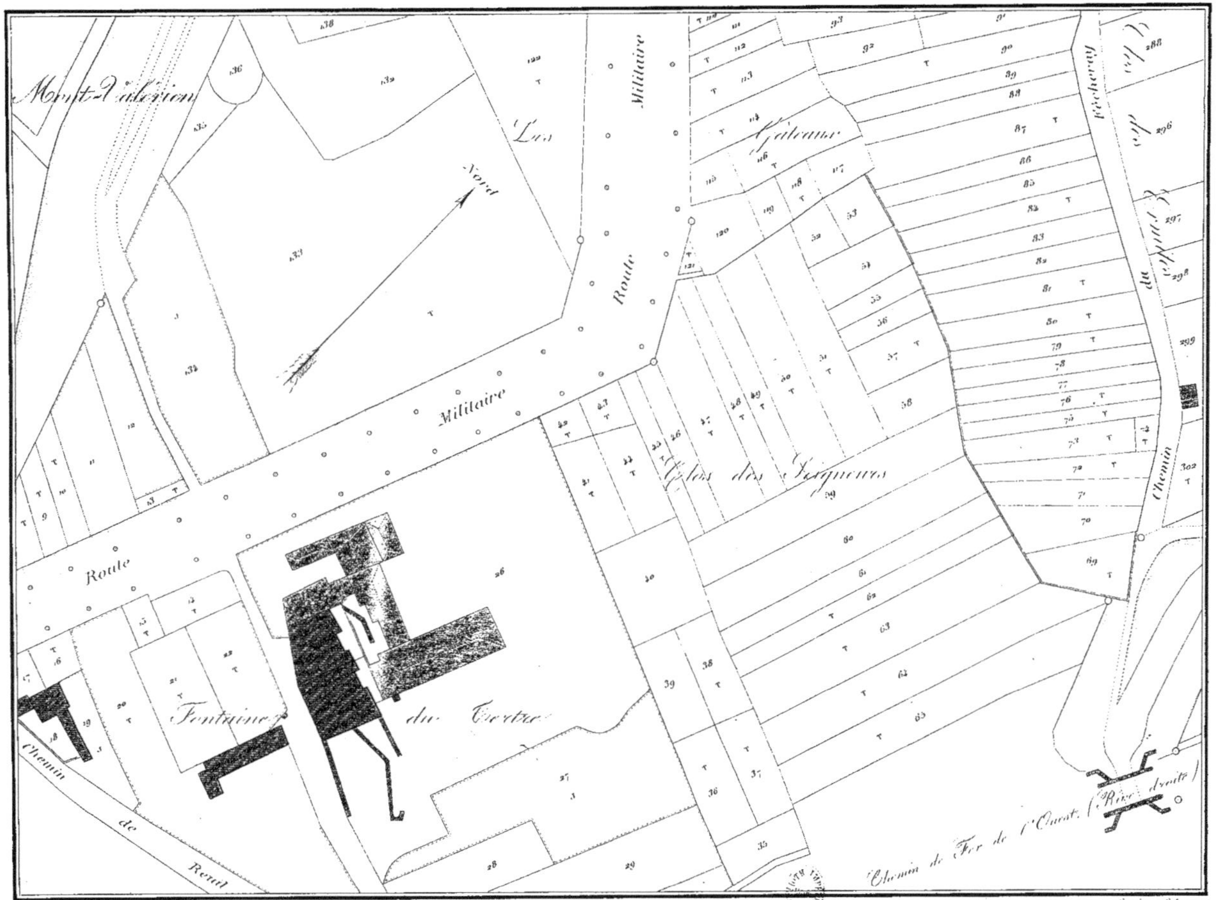

Échelle de 1 à 1,000 Mètres: $\frac{1}{1,000}$.

MONT VALÉRIEN. CARTE À L'ÉCHELLE DE 10,000.

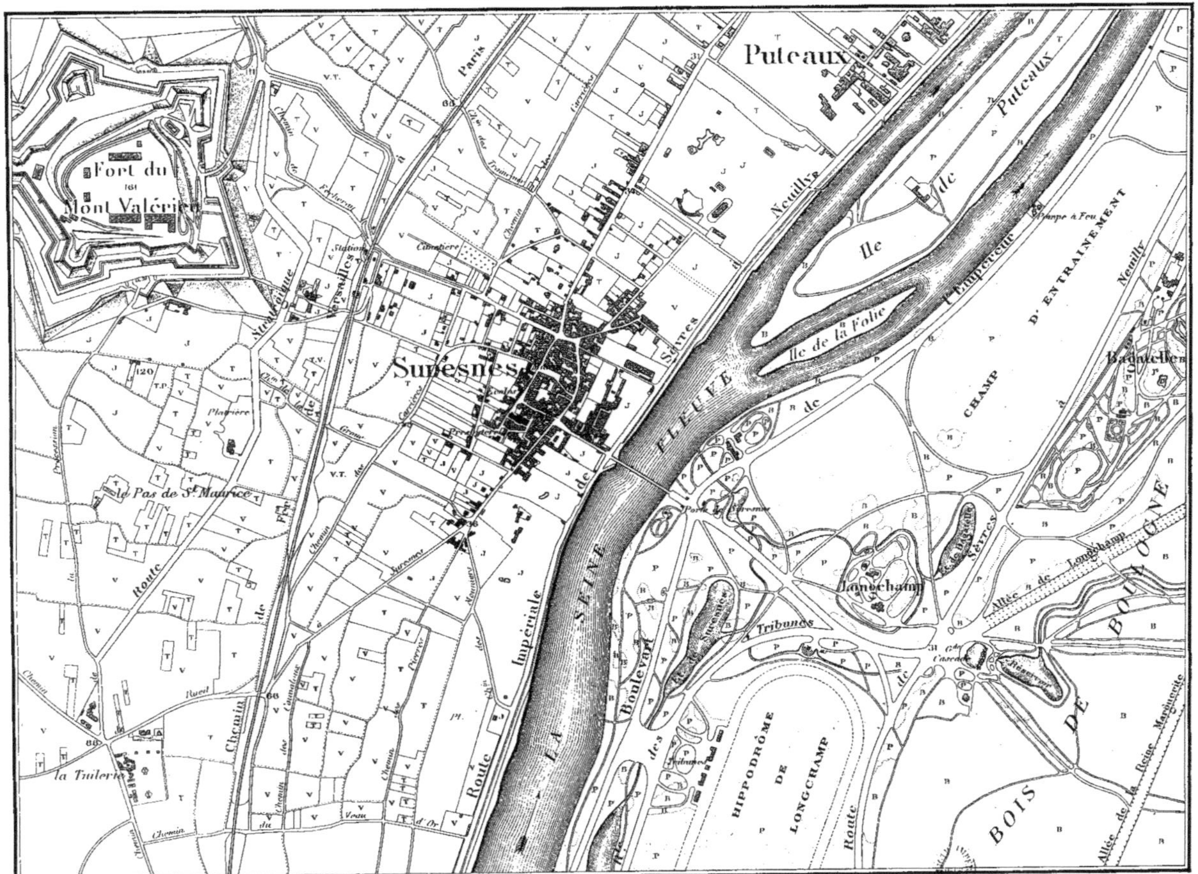

Dressé par E. SAUTREZ.

Gravé par C. Legros.

MONT VALÉRIEN: RÉDUCTION DE LA CARTE DU $\frac{1}{10,000}$ À DIFFÉRENTES ÉCHELLES.

ÉCHELLE DU $\frac{1}{20,000}$.

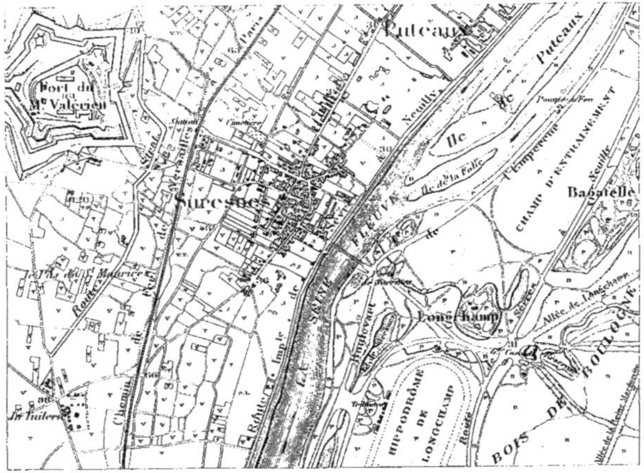

ÉCHELLE DU $\frac{1}{40,000}$.

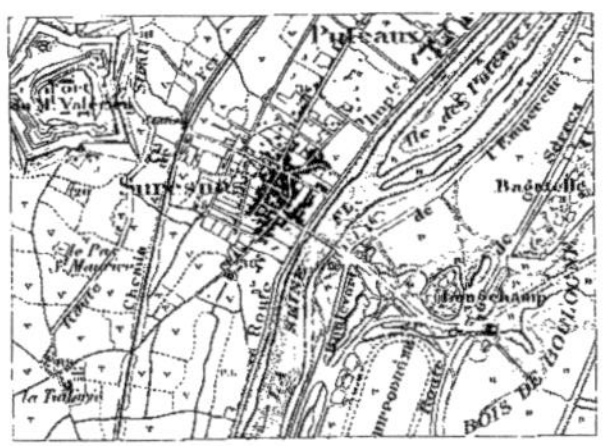

ÉCHELLE DU $\frac{1}{80,000}$.

GÉOGRAPHIE:
Échelles du $\frac{1}{1,000,000}$. Suresnes $\frac{1}{1,500,000}$. Suresnes

Dans ces Cartes, comme sur le Cadastre, les différentes natures de culture sont indiquées par des lettres:

T. *désigne les Terres;* V. *les Vignes;* J. *les Jardins;* B. *les Bois;* P. *les Prairies;* P.L. *les Plantations.*

SIGNES CONVENTIONNELS POUR DIVERSES ÉCHELLES.

OBJETS.	10,000^e	20,000^e	40,000^e	80,000^e
Clotures en pierres				
Clotures en planches ou à Claire-voie				
Clotures en levée de terre avec arbres et sans arbres				
Clotures en haie				
Clotures en buisson				
Clotures en fossés pleins d'eau				
Ruines	*Ruines*	*Ruines*	*R.*	*R.*
Fonderie	*Fonderie*	*Fonderie*	*Fond.*	*Fond.*
Châlet	*Châlet*	*Châlet*	*Chât.*	*Chât.*
Télégraphe	*Télégraphe*	*Télégraphe*	*Télég.*	*Tél.*
Verrerie				
Four-à-Chaux				
Four-à-plâtre				
Briqueterie				
Tuilerie				

Dressé par E. SAUTREZ.

Gravé par C. Legros.

1. PAR LA PERSPECTIVE.

PAR LE PROFIL.

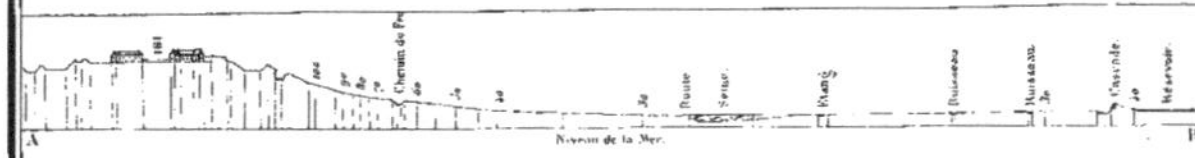

Profil suivant A.B.

2. PAR DES HACHURES ARBITRAIREMENT FIXÉES ET ESPACÉES.

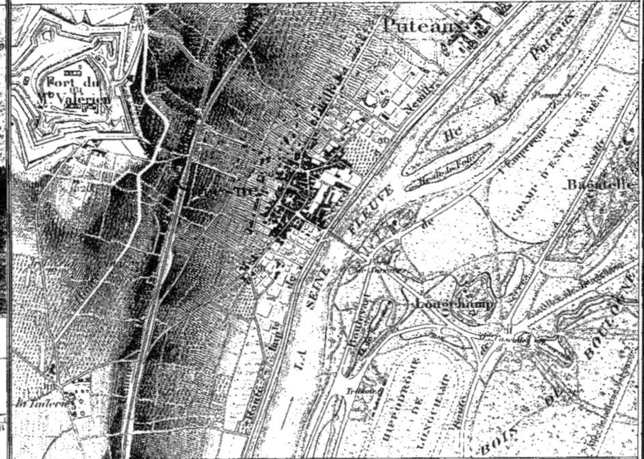

3. PAR DES COURBES DE NIVEAU ÉQUIDISTANTES.

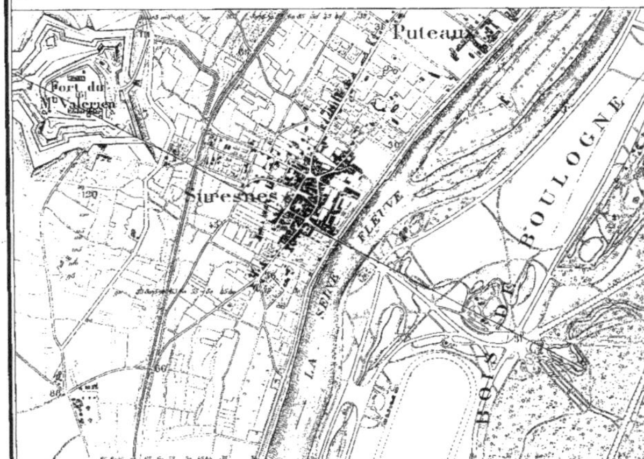

4. PAR DES LIGNES DE PLUS GRANDE PENTE (HACHURES).

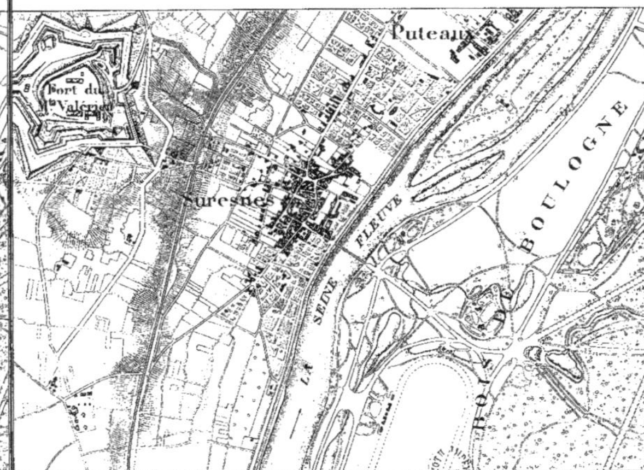

Dressé par E. SAUTREZ.

Gravé par C. Legros.

5. PAR DES TEINTES *(LUMIÈRE VERTICALE)*.

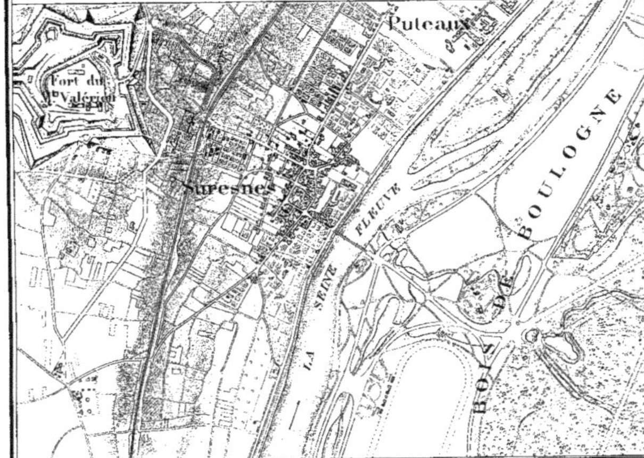

6. PAR DES TEINTES *(LUMIÈRE OBLIQUE)*.

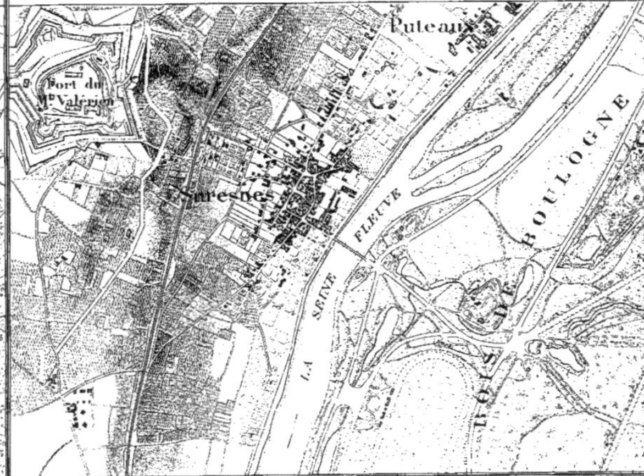

7. CARTE DESSINÉE, LAVÉE A L'EFFET PITTORESQUE *(OU A L'EFFET)*.

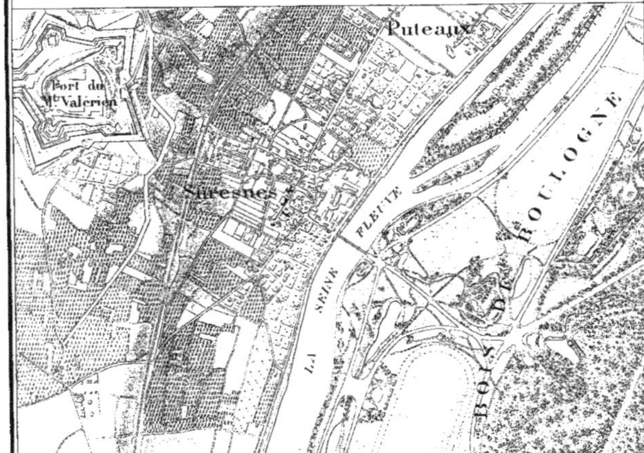

8. CARTE GRAVÉE, LAVÉE TOPOGRAPHIQUEMENT.

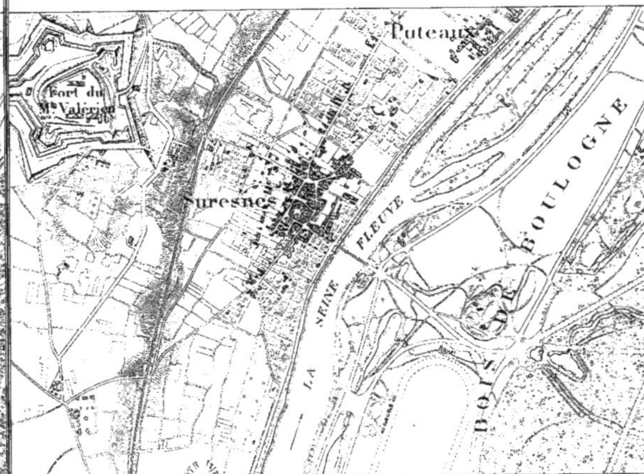

Dressé par E. SAUTREZ.

Gravé par C. Legras.

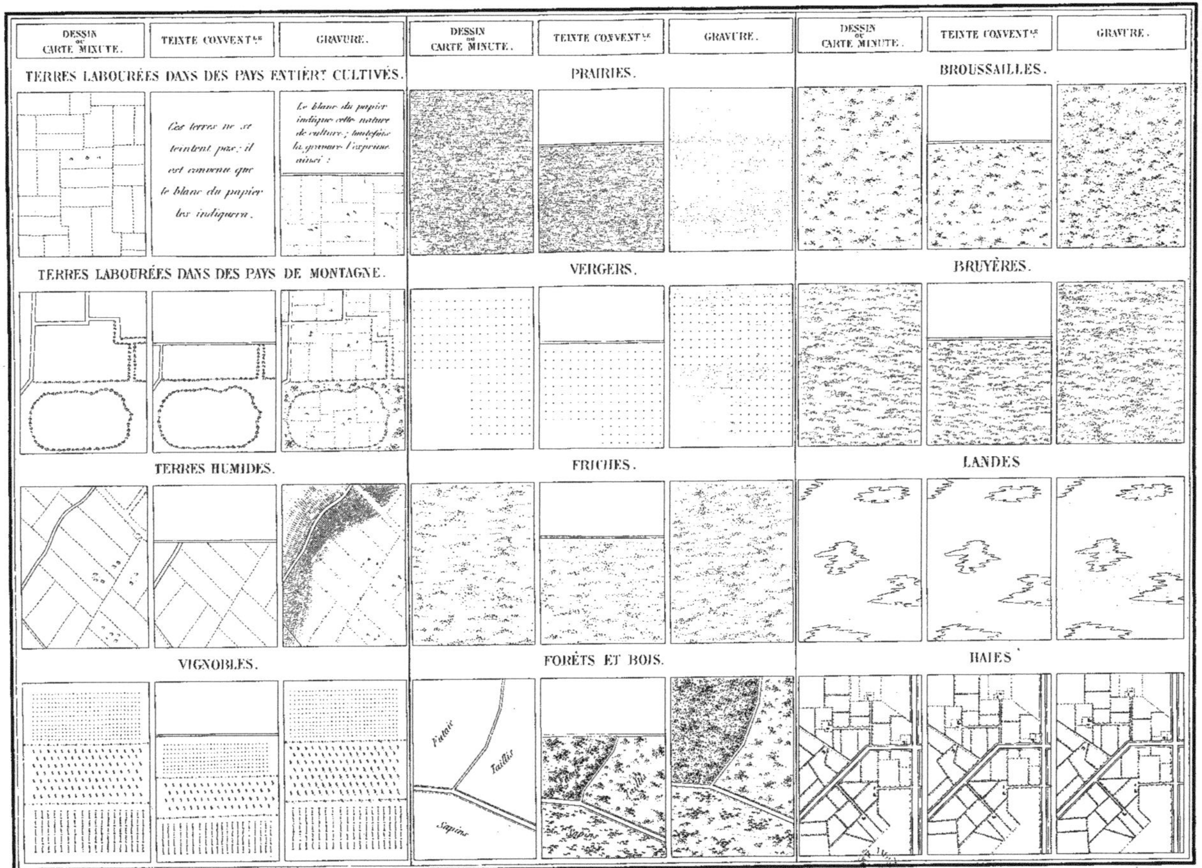

Dressé par E. Sandoz. Legros sc.

TEINTES ET SIGNES CONVENTIONNELS EN USAGE DANS LES DIVERS ÉTABLISSEMENTS DE L'ÉTAT POUR LES

CARTES TOPOGRAPHIQUES ET GÉOGRAPHIQUES.

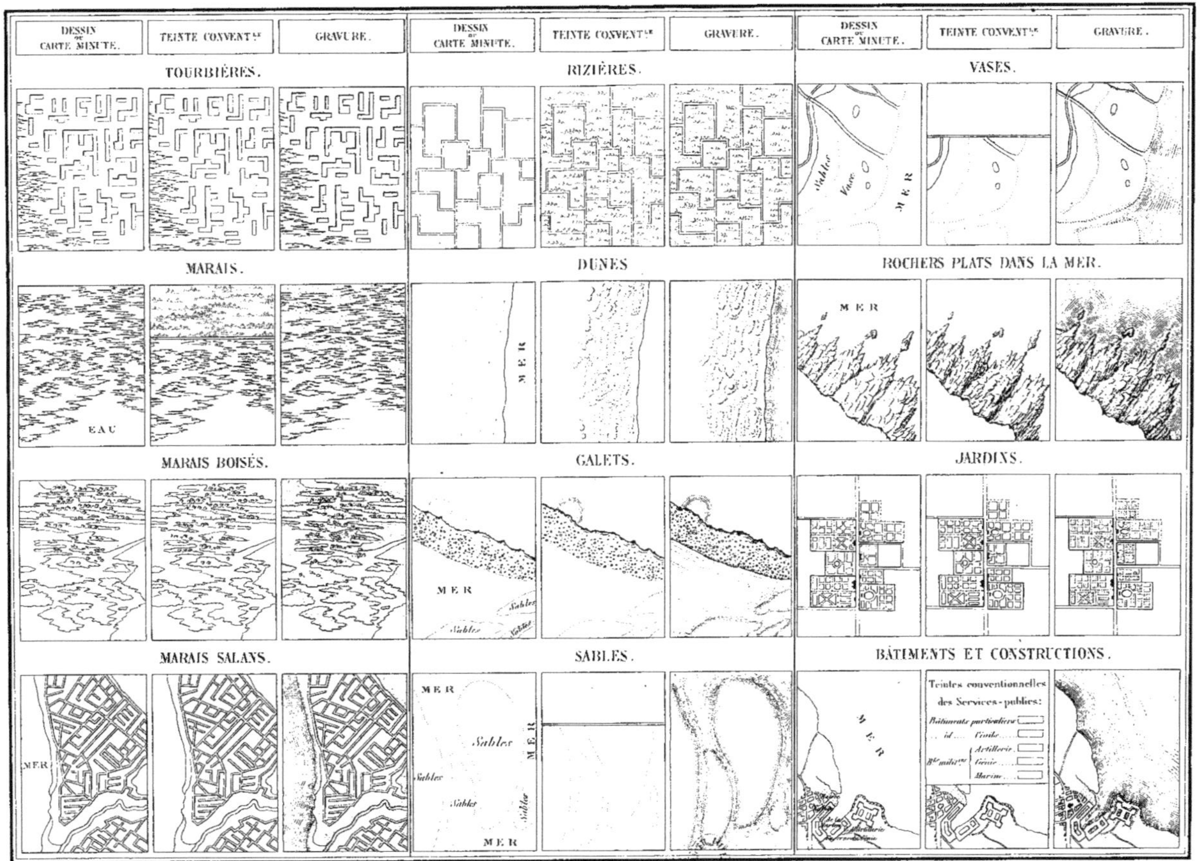

Dressé par E. Sautrez.. Legros sc.

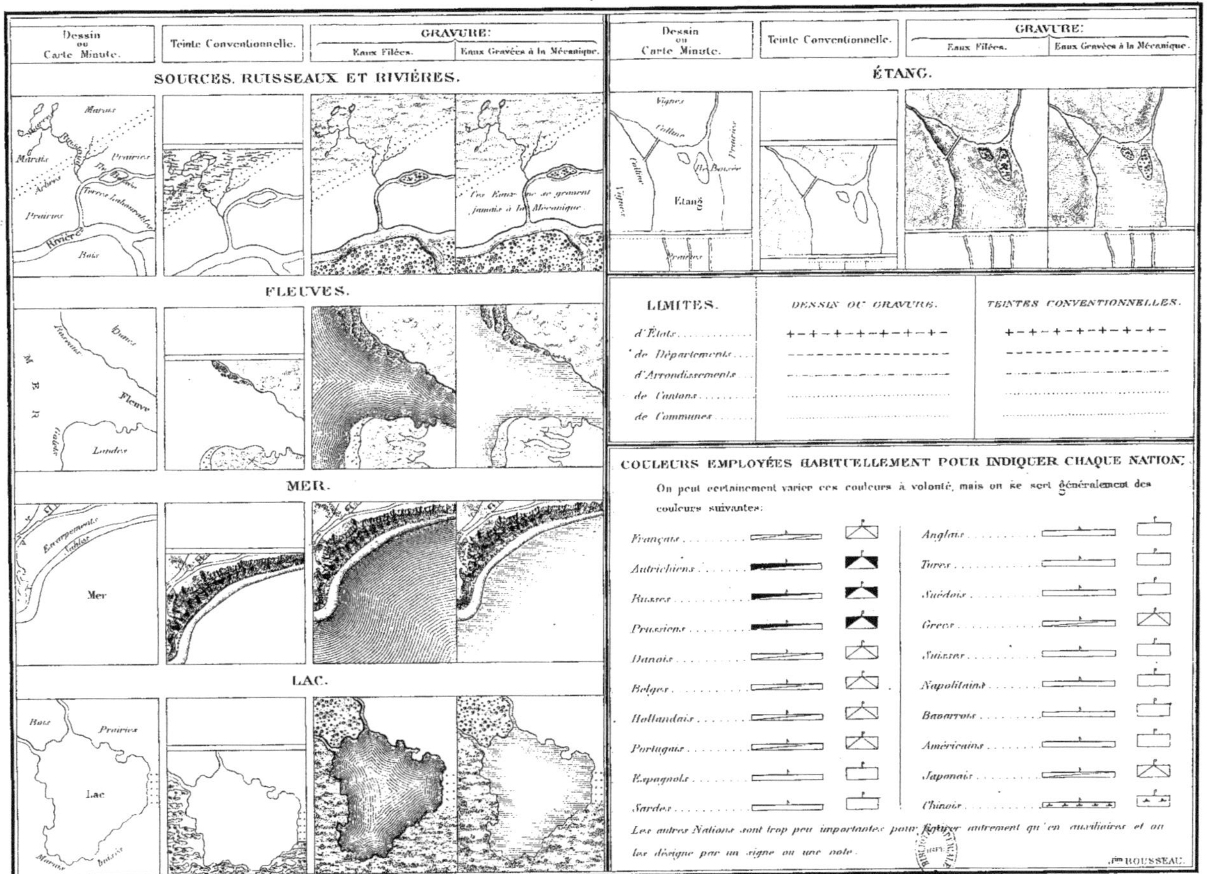

Dressé par E. SAUTREZ. Gravé par C. Legros.

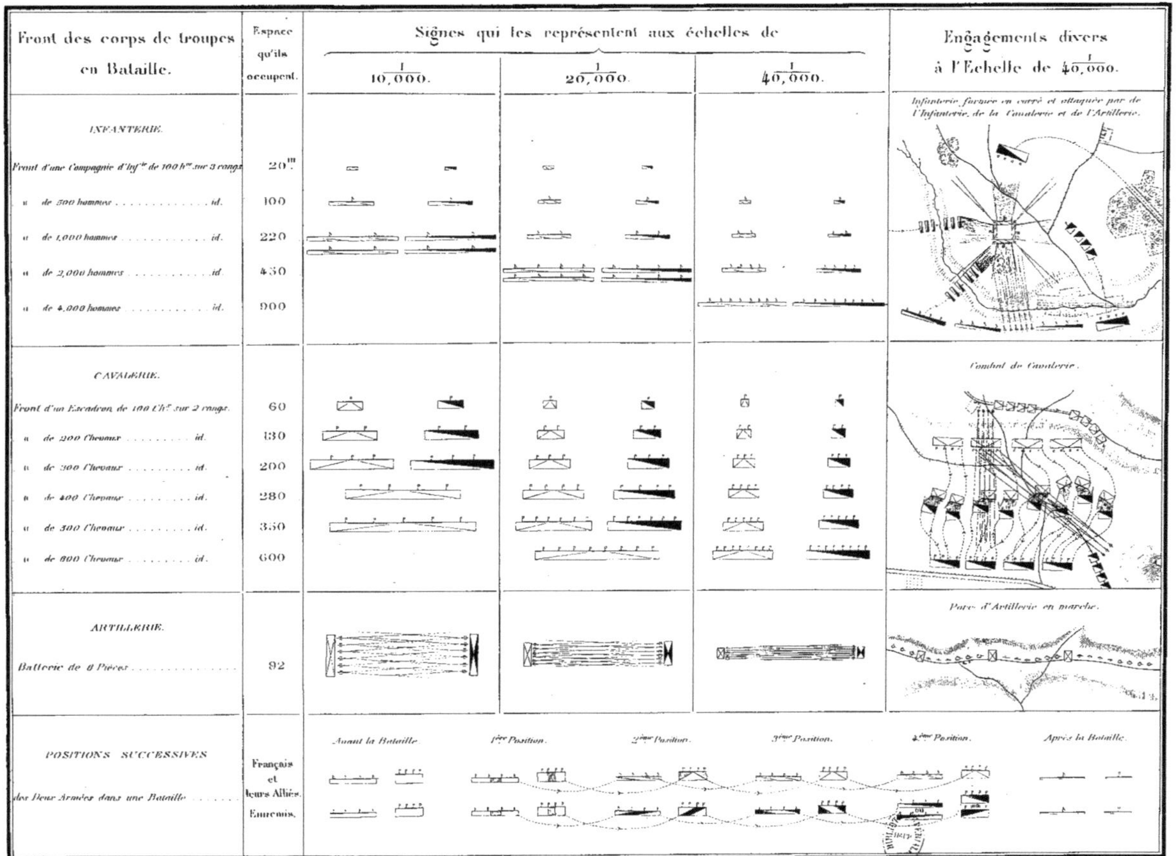

Dressé et Dessiné par Jles ROUSSEAU.

Gravé par C. Lep…

Les profondeurs de l'eau sont exprimées en Pieds de France ou en Brasses; elles sont rapportées au niveau des plus Basses Mers observées sur les principaux points de la Côte.

Les élévations des Plages ainsi que des Dangers isolés, qui couvrent et découvrent, au dessus du niveau des Basses Mers, sont toujours exprimées en Pieds de France, par des chiffres soulignés. On écrit les élévations des petits Dangers isolés, entre parenthèses, près de leurs positions.

Les diverses natures du fond de la Mer sont exprimées, ordinairement, au moyen des abréviations suivantes:

- S. ——— Sable
- S.f. ——— Sable fin
- S.bl. ——— Sable fin blanc
- S.gris ——— Sable fin gris
- g.S. ——— gros Sable
- Gr. ——— Gravier
- g.Gr. ——— gros Gravier
- Gal. ——— Galets
- Pi. ——— Pierres
- g.Pi. ——— grosses Pierres
- R. ——— Roche
- R.inég. ——— Roches inégales
- R.déc. ——— Roches qui sont dans l'état de décomposition, et que les Marins nomment Roches pourries et Roches molles.
- Ard. ——— Ardoise ou Roches Schisteuses
- T. ——— Tuf
- Cor. ——— Corail
- Mad. ——— petits Madrépores ramifiés de couleur rouge, que l'on trouve ordinairement sur les fonds argileux.
- Mad.j. ——— petits Madrépores roulés et décolorés, formant une espèce de Gravier jaunâtre.
- Coq. ——— petites Coquilles
- g.Coq. ——— grosses Coquilles
- Coq.br. ——— Coquilles brisées
- Coq.moul. ——— Coquilles moulues

Nota. On indique l'espèce des Coquilles, rapportées par le plomb de sonde, lorsque la même espèce se trouve en masse sur une grande étendue du fond de la Mer.

- Arg. ——— Argile bleue compacte
- V. ——— Vase verdâtre
- V.j. ——— Vase jaunâtre
- V.n. ——— Vase noirâtre
- V.d. ——— Vase dure
- V.m. ——— Vase molle
- F.v. ——— Fange verte ou Vase molle fétide
- F.n. ——— Fange noire
- S.V.c. ——— Sable Vaseux compacte
- Goë. ——— Goëmon. On désigne sous ce nom toutes les Plantes Marines qui croissent sur les roches et les pierres.
- Al. ——— Algue. On désigne sous ce nom l'espèce de Plante Marine, mince et longue, qui croît dans les fonds de sable vaseux et qui empêche souvent les Ancres de prendre et de tenir.
- Herb. ——— Herbier. Fond vaseux couvert par de petites Plantes Marines dans lequel les Ancres prennent facilement et tiennent bien.

Quand le Plomb de sonde a rapporté un fond mélangé, on écrit d'abord la qualité de fond qui domine; ainsi, S.V. indique un mélange de Sable et de Vase dans lequel le Sable domine, et V.S. un mélange de même nature dans lequel la Vase domine.

Un trait mis au dessous de l'indication d'une qualité de fond signifie peu; ainsi, S.V. indique du Sable mêlé d'une petite quantité de Vase; et V.S. de la Vase mêlée d'une petite quantité de Sable.

Lorsqu'on a reconnu, au moyen des Lances, que la qualité vraie du fond diffère de la qualité apparente, donnée par le Plomb de sonde ordinaire, on écrit la qualité vraie entre parenthèses; ainsi pour exprimer que l'on a trouvé avec une Lance, des Roches couvertes par de la Vase molle, sur un point où le Plomb de sonde ordinaire indiquait seulement de la Vase molle, on écrit, près du chiffre de sonde, V.m.(V.m.R.); et pour exprimer que l'on a trouvé de l'Argile au dessous d'une couche de petits Madrépores ramifiés rouges, on écrit Mad.(Mad.Arg.).

On limite sur les Cartes et sur les Plans dressés sur une grande échelle, les fonds de Sable et de Vase sur lesquels il reste moins de 25 Pieds d'eau de Basse Mer, par des traits fins interrompus. On subdivise les grands plateaux que donne cette limite, qui est celle des parties navigables pour des Vaisseaux, au moment de la Basse Mer, en trois Classes de Bancs, en raison du Brassiage.

La 1ère Classe est formée des parties sur lesquelles il reste moins de 10 pieds d'eau.

La 2ème Classe des parties sur lesquelles il reste depuis 10 pieds d'eau jusqu'à 16 inclusivement.

La 3ème Classe des parties sur lesquelles il reste depuis 17 pieds d'eau jusqu'à 24 inclusivement.

On met ordinairement sur les Bancs de cette espèce des teintes plates, de forces différentes, qui facilitent l'intelligence des Cartes et Plans.

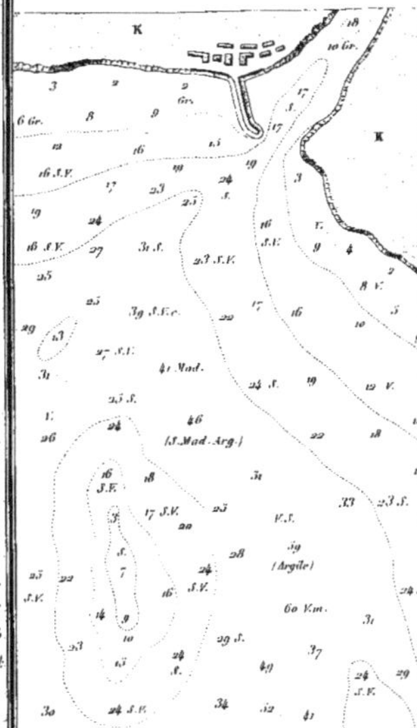

Lorsque deux objets terrestres remarquables, se trouvent dans la même direction qu'un Danger dont il est important de faire connaître avec exactitude la position aux navigateurs, on indique cette direction par une ligne.

On indique les directions des Passes par deux lignes très rapprochées l'une de l'autre.

- Directions des Courans
- Mouillages
- Bouées
- Tonnes
- Corps-Morts

On représente en élévation les Eglises, Tours, Phares, Balises, Moulins à vent et autres objets remarquables qui sont visibles de la mer.

Les Eglises qui ne se voyent pas de la mer, quoique situées près de la côte, sont représentées en plan ou par le Signe suivant — ♁.

Gravé par Dormick d'après Blondeau.

MODÈLES DE TOPOGRAPHIE ET SIGNES CONVENTIONNELS ADOPTÉS PAR LES INGÉNIEURS HYDROGRAPHES DE LA MARINE. PL. 32.

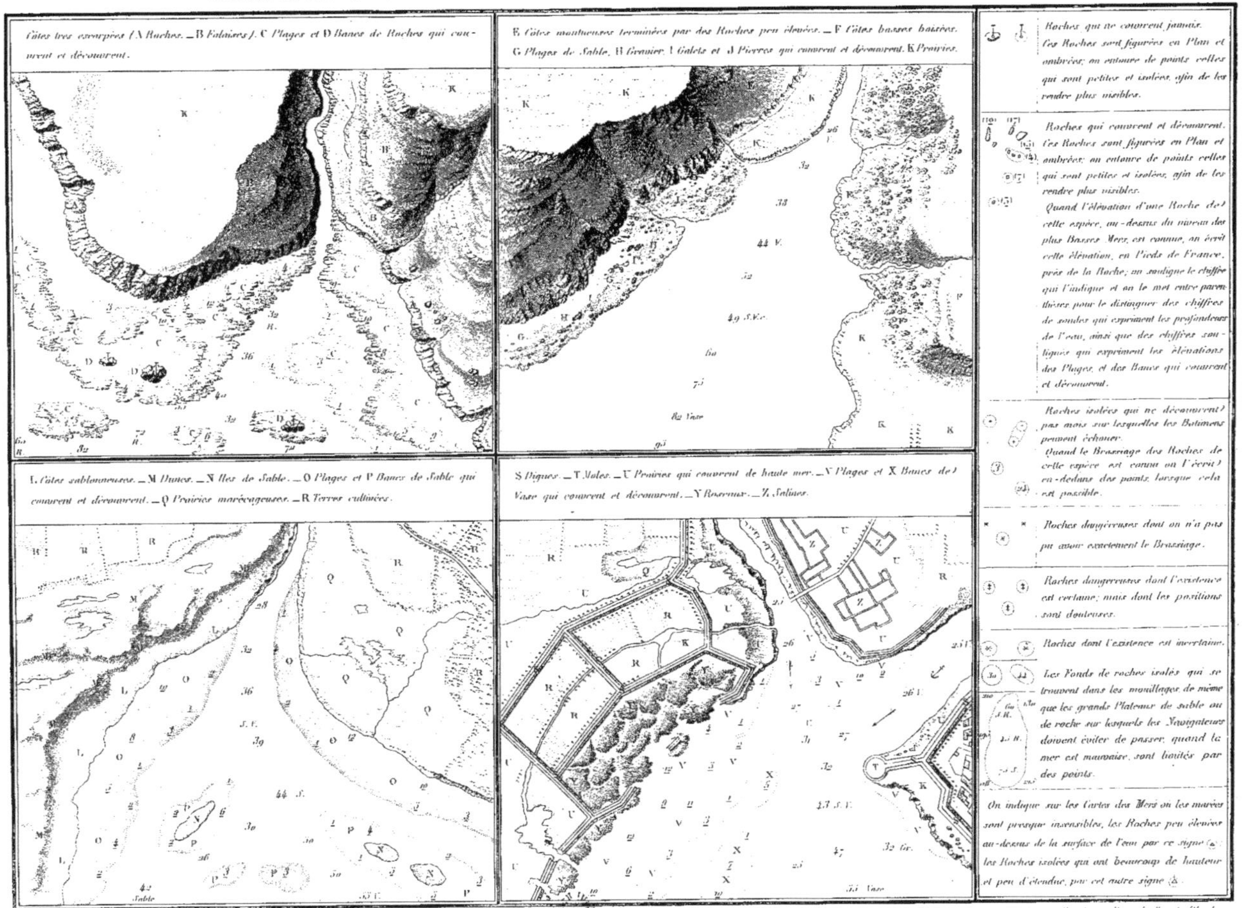

SPECIMEN D'UNE CARTE MARINE (COTES).

Extrait de la Carte particulière des Côtes de France & d'Italie, gravée au Dépôt de la Marine.

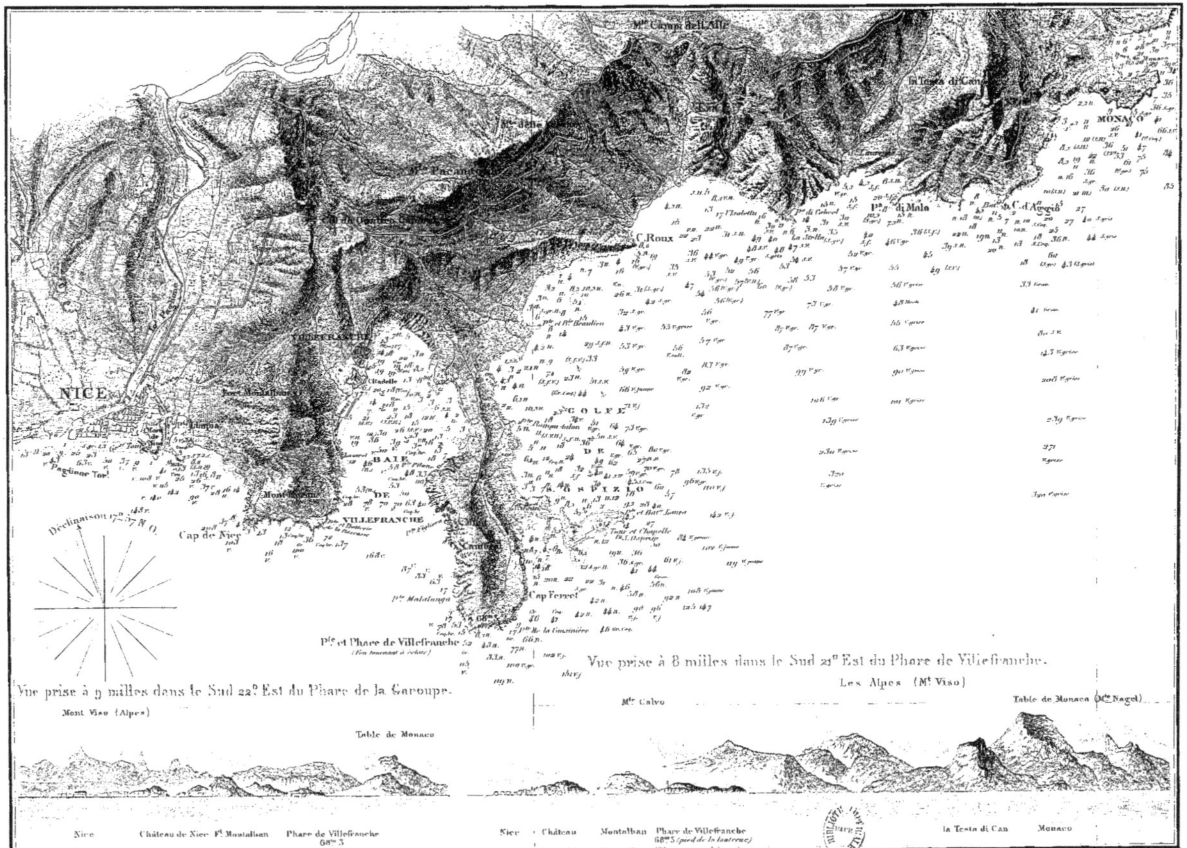

Rouquet Imp. r. des Mathurins St Jacq.

Gravé par Dormick, d'après C. R. Collin.

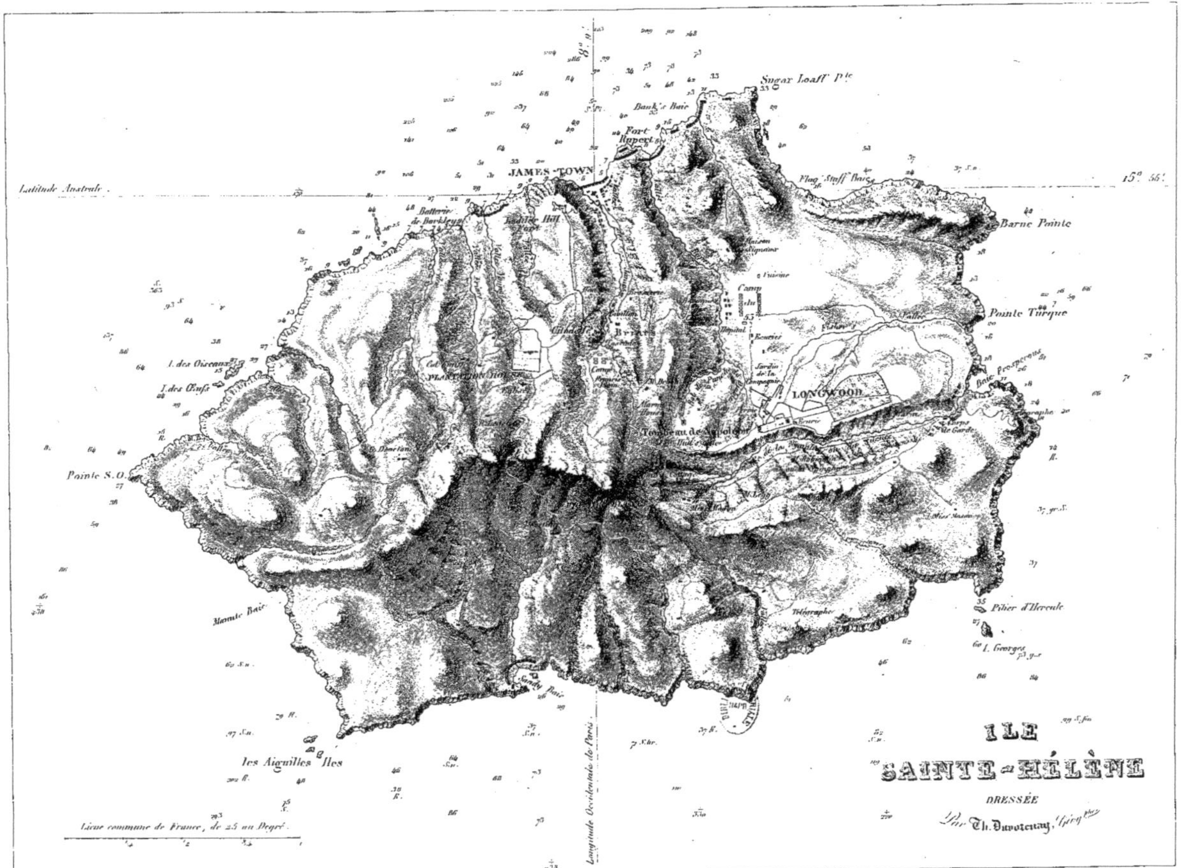

Gravé par S. Jacobs

CARTE D'ASSEMBLAGE DES FEUILLES DE LA CARTE TOPOGRAPHIQUE DE LA FRANCE. GRAVÉE AU DEPOT DE LA GUERRE.

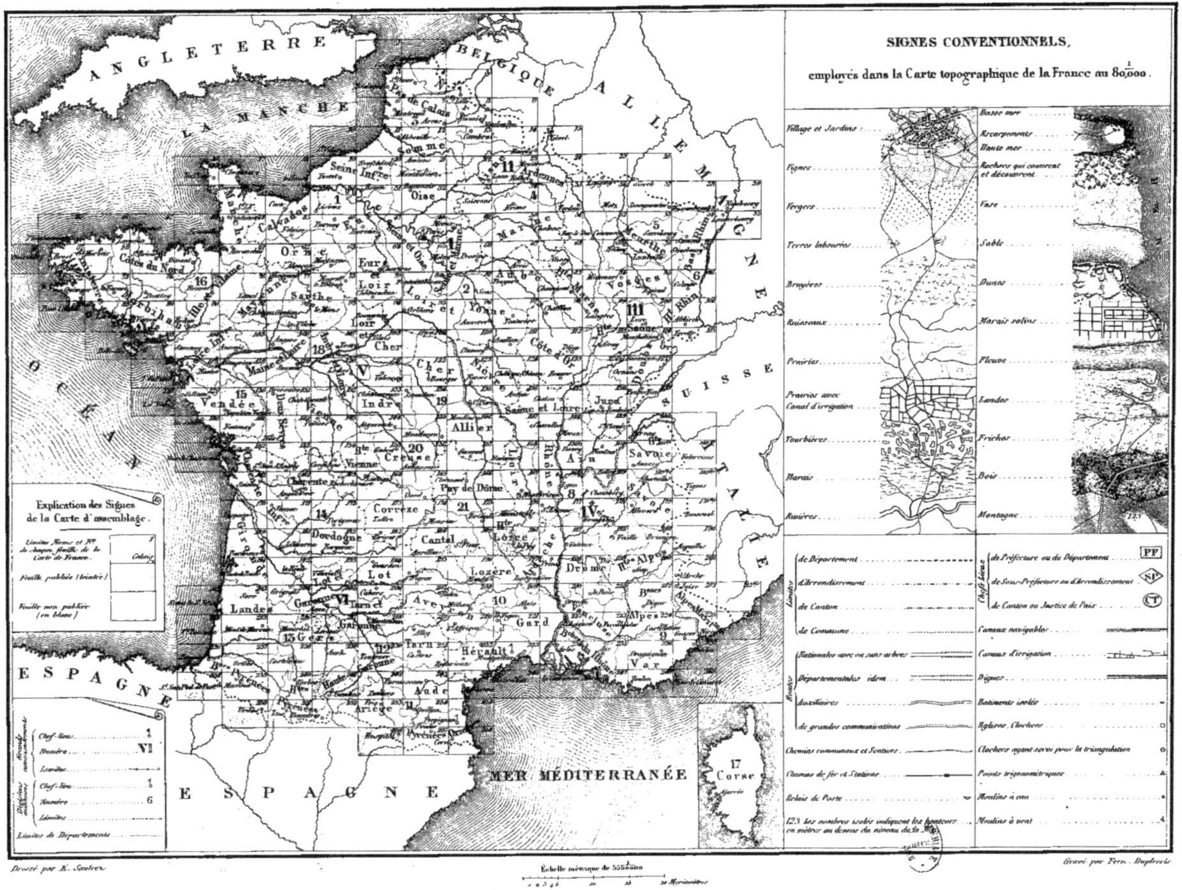

SPÉCIMEN DE LA CARTE TOPOGRAPHIQUE DE LA FRANCE, GRAVÉE AU DÉPÔT DE LA GUERRE, A L'ÉCHELLE DU $\frac{1}{80000}$, D'APRÈS LES LEVÉS DE MM LES OFFICIERS D'ÉTAT-MAJOR. PL. 56.

Gravé par Fern. Duplessis

CARTE D'ASSEMBLAGE DES FEUILLES DE LA CARTE GÉOMÉTRIQUE DE LA FRANCE PAR CASSINI.

Dressé par E. Soulier.

Gravé par Legros.

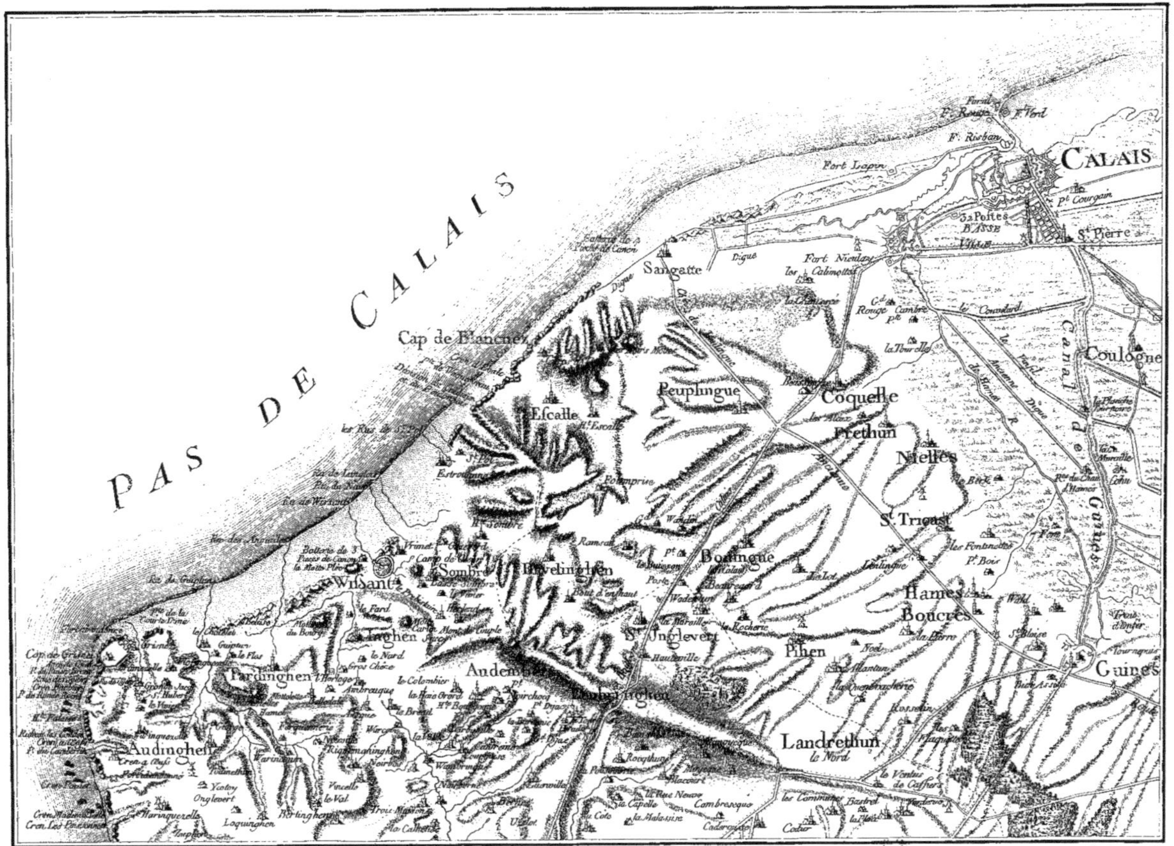

Échelle $\frac{1}{86,400}$

Gravé par Dourouck.

www.ingramcontent.com/pod-product-compliance
Ingram Content Group UK Ltd.
Pitfield, Milton Keynes, MK11 3LW, UK
UKHW031930260826
14628UKWH00004B/1539

9 782014 456561